Workbook / Laboratory Manual for

Language, Culture, Communication
Fourth Edition

Joel Walz

University of Georgia

Jean-Pierre Piriou

University of Georgia

HOUGHTON MIFFLIN COMPANY   Boston   New York

Senior Sponsoring Editor: E. Kristina Baer
Development Editor: Cécile Strugnell
Editorial Assistant: Stewart Jester
Manufacturing Manager: Florence Cadran
Marketing Manager: Elaine Uzan Leary

Printed in the U.S.A.

ISBN: 0-669-41647-9

3 4 5 6 7 8 9-CS-01 00 99

TABLE DES MATIERES

Manuel de laboratoire 183

Answer Keys 309

TO THE STUDENT

The *Workbook / Laboratory Manual* for *Rapports,* Fourth Edition, contains exercises and activities that reinforce the material in the corresponding chapter of the textbook. Each chapter has two sections—workbook exercises and laboratory activities.

The Workbook Sections

Each *Workbook* section includes a variety of exercises designed to develop your writing skills. Some have fixed responses; others allow you to write your own ideas; still others ask you to draw conclusions about illustrations and about documents written for native speakers of French. Each *Workbook* section ends with a special part entitled **Ecrivons.** It offers you a choice of composition topics that give you the opportunity to express yourself more freely in French.

The Laboratory Manual Sections

Each *Laboratory Manual* section is designed to be used in conjunction with the Cassette Program of *Rapports,* Fourth Edition. The laboratory pages will guide you through the cassettes in several ways. First, an introductory paragraph states that the dialogue or other opening text of the corresponding textbook chapter is recorded twice—once for listening practice and once for repetition purposes. The laboratory pages then provide you with the explanatory part of the textbook's pronunciation section so that you may reread it before repeating the exercises after the speaker on the cassette. Working through these two parts will improve your pronunciation and expression in French.

A series of listening exercises and activities then follows for each grammar point in the corresponding textbook chapter. Some ask you to respond orally to cues provided on cassette; others are based on written cues; still others require you to write a word, phrase, or sentence. In addition, several activities are built around illustrations, enabling you to connect the French you hear directly with its meaning. The laboratory pages contain all of the direction lines, model sentences, writing spaces, and cues for these exercises and activities, making it unnecessary for you to refer to your textbook when listening to the cassettes.

The recorded material for each chapter of *Rapports* concludes with two additional listening-and-writing activities for which the writing spaces and/or written cues are provided on the laboratory pages. In the **Dictée,** you will first listen to and then write a series of related sentences, a letter, a monologue, or other type of text. In the **Compréhension** activity, you will hear a passage, such as an interview, a dialogue, or a narrative, on which you will subsequently do a comprehension check. The **Dictée** and **Compréhension** are designed to develop your overall listening comprehension skills and are thematically related to the opening text and **Lecture culturelle** of the corresponding textbook chapter. In light of this, you may want to wait until you have studied the entire chapter before working through these activities.

The Review Sections

As in the textbook, a Review (**Révision**) section appears in the *Workbook / Laboratory Manual* after every three chapters. Each **Révision** section in the *Workbook* part provides a series of interesting and challenging activities to reinforce the vocabulary and structures you have learned in the preceding chapters. In the *Laboratory* part, each **Révision** section features activities to give you a cumulative listening experience. Here, the **Dictées** take on the form of brief narratives, monologues, or letters; the **Compréhension** passages include paragraphs, conversations, and interviews.

The Answer Key

The *Answer Key* to the exercises and activities of the *Workbook/Laboratory Manual* is printed at the end of this volume so that you may correct your own activities as you progress through the program.

This *Workbook / Laboratory Manual* is closely integrated with your textbook. We feel that this feature of the *Rapports* program will help you achieve a better grasp of the French language. We hope that using the *Workbook / Laboratory Manual* to build on what you learn in class will improve your listening, speaking, and writing skills and your overall ability to communicate in French.

Joel Walz

Jean-Pierre Piriou

Travaux écrits

Chapitre préliminaire

BONJOUR!

FRENCH SPELLING

Since French and English are languages that are fairly closely related, you will recognize immediately a substantial number of French words. Once you learn to recognize standard prefixes and suffixes, you will know even more words. Often French and English nouns and adjectives differ only by a letter or two or perhaps an accent mark.

First, see if you can recognize the following words, all of which you will learn to use in this course; then write them in English. Circle the difference(s) in spelling.

1. professeur _____

2. incompétent _____

3. chocolat _____

4. banque _____

5. adresse _____

6. salade _____

7. classique _____

8. rapide _____

9. appétit _____

10. appartement _____

11. hôpital _____

12. laboratoire _____

Name ANDY PETERS _____ Section _____ Date 8/21 _____

Chapitre 1

LA VIE UNIVERSITAIRE

I. NOUNS AND DEFINITE ARTICLES

A. Identify the objects and people in the pictures below and on page 6 by writing the French word and the correct definite article next to each number.

1. _le professeur_____

2. _le crayon_____

3. _les livres_____

4. _la page_____

5. ~~Pestu~~ _l'étudiante_____

6. _le bureau_____

5

7. le café _____

10. les ~~pantalones~~ pantalons _____

8. les ~~enfantes~~ enfants _____

11. le cadeau _____

9. le hôtel _____

12. ~~le~~ l'autobus _____

B. Change the following articles and nouns to the plural.

1. l'affiche _les affiches_____

2. la radio _les radios_____

3. la femme _les femmes_____

4. l'amie _les amies_____

5. le bureau _les bureaux_____

6. la fenêtre _les fenêtres_____

C. Change the following articles and nouns to the singular.

1. les crayons _le crayon_____

2. les enfants _~~le enfant~~ l'enfant_____

3. les clés _la clé_____

4. les cours _le cours_____

5. les amis _~~le ami~~ l'ami_____

6. les alphabets _l'alphabet_____

Name _____ Section _____ Date _____

II. SUBJECT PRONOUNS AND -ER VERBS

A. Write the appropriate form of the verb **jouer** for each subject.

1. tu _joues_____

2. Patricia _joue_____

3. nous _jouons_____

4. elles _jouent_____

5. vous _jouez_____

6. je _joue_____

7. Pierre et Isabelle _jouent_____

8. il _joue_____

B. Describe the activities pictured below, using the subject pronouns given.

MODEL: elle *chante*

1. je _regarde____   3. nous _étudions____   5. elles _parlent____

2. on _danse____   4. tu _fumes____   6. vous _travaillez____

C. Write a complete sentence with each of the following word groups.

1. étudiante / continuer / dialogue _l'étudiante continue le dialogue._

_____

2. étudiants / aimer / français _les étudiants aiment français_

_____

3. Nous / parler / bien _Nous parlons bien_

4. Vous / terminer / livres _Vous terminez les livres_

5. On / manger / beaucoup _On mange beaucoup._

III. YES-OR-NO QUESTIONS

A. Change the following statements to questions using **Est-ce que.**

1. Jacques aime le livre. _Est-ce que Jacques aime le livre?_

_____

2. Vous habitez en France. _Est-ce que je habite en France._

_____

3. Ils écoutent les disques. _Est-ce qu'ils écoutent les disques._

_____

4. Elle étudie beaucoup. _Est-ce qu'elle étudie beaucoup._

5. Philippe joue avec les enfants. _Est-ce que Philippe joue avec les enfants._

_____

6. Elles travaillent à Paris. _Est-ce elles qu'elles travaillent à Paris._

_____

B. Rewrite each question using **n'est-ce pas.**

MODEL: Est-ce que vous aimez les disques?
        Vous aimez les disques, n'est-ce pas?

1. Vous parlez français? _Vous parlez français, n'est-ce pas?_

2. Est-ce que tu fumes beaucoup? _Tu fumes beaucoup n'est-ce pas?_

3. Est-ce qu'on mange bien ici? _On mange bien aussi ici n'est-ce pas?_

4. Elle termine la leçon? _Elle termine la leçon n'est-ce pas?_

5. Est-ce que je chante bien? _Je chante bien n'est-ce pas?_

6. Ils regardent la carte? _Ils regardent la carte n'est-ce pas?_

C. Write six questions you might ask about the picture below.

1. _Le professeur enseigne en cours?_

2. _Les étudiants écoutent le professeur n'est-ce pas?_

3. _Est-ce qu'il écoute la radio?_

4. _Est-ce qu'il regarde le tableau._

5. _Les étudiants étudient français?_

6. _Les étudiants aiment le cours?_

IV. NUMBERS FROM 0 TO 20

A. Write the following numbers.

1. 0 _zéro_
2. 2 _deux_
3. 5 _cinq_
4. 8 _huit_
5. 10 _dix_
6. 11 _onze_
7. 13 _treize_
8. 15 _quinze_
9. 16 _seize_
10. 19 _dix-neuf_

B. Write the following math problems and include answers.

1. 1 + 9 = _un plus neuf font dix_
2. 3 + 4 = _trois plus quatre font sept_
3. 6 + 7 = _six plus sept font treize_
4. 20 – 14 = _vingt moins quatorze font six_
5. 18 – 11 = _dix-huit moins onze font sept._
6. 12 – 10 = _douze moins dix font deux._

ECRIVONS   (Let's write)

A. Using vocabulary you have already learned, write five questions that you would like to ask a classmate or your teacher.

1. _Tu aimes le cours ?_
2. _Est-ce qu'il écoute la radio._
3. _Elle étudie bien ?_
4. _On chante bien n'est ce pas._
5. _Le professeur commence le classe ?_

10

Name _____ Section _____ Date _____

B. Write five sentences to describe things you do, using vocabulary and **-er** verbs that you have learned.

1. Je non fume.
2. Je mange beaucoup.
3. J'étudie français
4. J'écoute le professeur.
5. Je parle anglais.

Chapitre 2

LA FAMILLE ET LES AMIS

I. NEGATION

A. Rewrite the following sentences in the negative.

1. Ils travaillent ici. _____

2. Elle invite la cousine de Patricia? _____

   _____

3. Nous détestons le grand-père de Chantal. _____

   _____

4. J'aime Paris. _____

5. Tu chantes bien. _____

6. Vous étudiez avec la sœur de Jacques? _____

B. **Des opinions.** Make sentences using the following words. Then correct the sentences that are not true.

   MODEL: On / regarder / la télévision / en classe
   On regarde la télévision en classe.
   Non, on ne regarde pas la télévision en classe.

1. Nous / étudier / à Montréal _____

   _____

2. Je / travailler / beaucoup _____

3. Nous / étudier / l'anglais / en cours _____

   _____

4. Je / adorer / le jazz _____

5. Le prof / parler / anglais avec les étudiants _____

_____

6. Nous / aimer / fréquenter les boîtes _____

_____

7. Les garçons / écouter / les disques de Céline Dion _____

_____

8. Tu / habiter / l'université _____

C. Write a sentence for each activity shown in the picture below to indicate what the young man on the right is *not* doing.

MODEL: *Il ne fume pas.*

1. _____

2. _____

3. _____

4. _____

5. _____

6. _____

Name _____ Section _____ Date _____

C. Finish writing the following checks for the amount indicated in the upper right-hand corner by writing out the number on the first long line after the word **assimilé.**

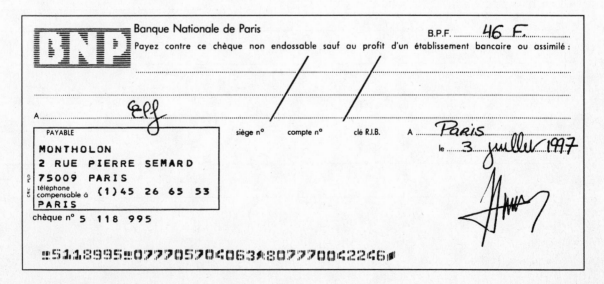

ECRIVONS

A. State your likes and dislikes. List at least five things that you enjoy doing and five things you don't like to do.

_____

_____

_____

_____

_____

B. Describe yourself or your friends. Use the adjectives listed in the textbook. For example, start your description with **Je...**, **Mon ami Robert...**, or **Mon amie Julie....**

_____

_____

_____

_____

_____

C. Name places where you like to go (**aimer fréquenter**), and places where you do not like to go. Provide at least two examples of each, using vocabulary that you already know.

_____

_____

_____

_____

_____

Chapitre 3

AU RESTAURANT

I. INDEFINITE AND PARTITIVE ARTICLES

A. Fill in each blank with the correct form of the indefinite or partitive article.

1. ___de l'___ eau

2. ___un___ frère

3. ___de la___ confiture

4. ___du___ beurre

5. ___des___ légumes

6. ___du___ fromage

7. ___du___ lait

8. ___des___ nièces

9. ___une___ cousine

10. ___des___ boissons

11. ___de la___ soupe

12. ___un___ hamburger

B. Translate the following sentences.

1. Do you want some beer? ___Vous avez de la bière.___ (désirez)

2. We don't eat meat; we like vegetables. ___Nous ne mangeons pas de la viande,___ ___Nous aimon des légumes.___

3. Here is some salt. ___Voici quelque du sel___

4. Do you order lamb or chicken with couscous? ___Est-ce que tu commandes__ ___agneau ou à poulet avec couscous.___

5. Is she looking at photos or maps? ___Est-ce qu'elle regarde a photos ou___ ___cartes.___

6. He is shutting the windows. ___Il ferme la fenêtre.___

C. Name three things that you would like to own.

Je voudrais avoir _____

_____

II. THE IRREGULAR VERB **AVOIR** / EXPRESSIONS WITH **AVOIR**

A. Fill in each blank with the appropriate form of **avoir.**

1. Quel âge _____-vous?

2. Est-ce que tu _____ une affiche?

3. Il n' _____ pas de sœur?

4. Elles _____ du talent.

5. J' _____ chaud!

6. Nous n' _____ pas raison.

B. Make a complete sentence from each word group.

1. Monique / avoir / talent _____

2. étudiants / ne / avoir / pas / cours _____

_____

3. Est-ce que / vous / avoir / frère? _____

_____

4. Pierre / avoir / 16 / ans _____

5. Nous / ne / avoir / pas / faim; / nous / avoir / soif! _____

_____

6. Il / y / avoir / jus de fruit / sur / table _____

_____

C. **Chez les Dupont.** Describe what family members have by replacing the verb with **avoir.**

MODEL: Je bois de l'eau.
J'ai de l'eau.

1. Les enfants écoutent des disques. _____

2. Vous mangez du pain. _____

3. Le mari commande du vin rouge. _____

4. Les grands-parents montrent des photos. _____

_____

5. Je prépare du thé. _____

6. Est-ce que tu invites des cousins? _____

D. Write a sentence about each of the following drawings using an expression with the verb **avoir.** Follow the model.

MODEL: *Il n'a pas de talent.*

1. _____   2. _____   3. _____

_____   _____   _____

_____   _____   _____

_____   _____   _____

4. _____

5. _____

6. _____

_____ _____ _____

_____ _____ _____

_____ _____ _____

E. Write the French equivalent for each of the following sentences.

1. Is she right? _____

2. Are you cold? _____

3. He is hot. _____

4. We don't have any coffee. _____

5. Is there any ice cream? _____

6. How old are you? _____

III. USE OF ARTICLES

A. Rewrite each word for food with the correct definite and indefinite or partitive articles.

MODEL: poisson
         le poisson, un poisson, du poisson

1. lait _____

2. sucre _____

3. pizza _____

4. eau _____

5. légumes _____

6. vin _____

7. thé _____

8. café _____

B. Fill in the blanks with the correct form of the definite, indefinite, or partitive article according to the meaning of the sentence.

1. J'aime _____ salade.

2. Est-ce que tu désires _____ eau minérale?

3. _____ enfants adorent _____ glace.

4. Ils ne mangent pas _____ couscous.

5. Elle a _____ confiture anglaise.

6. Je déteste _____ sucre.

7. Il n'aime pas _____ vin. Tu as _____ bière?

8. Elles apprécient _____ vin français.

C. How do you feel about . . .?

Vous adorez... ?　　　　　Vous aimez... ?　　　　　Vous appréciez... ?
Vous n'aimez pas... ?　　　Vous détestez... ?

1. le coca _____

2. l'université _____

3. la télévision _____

4. la bière _____

5. les enfants _____

6. la musique classique _____

7. le cours de français _____

8. les avocats _____

IV. THE IMPERATIVE

A. Write the three imperative forms of the following verbs.

tu　　　　　vous　　　　　nous

1. écouter _____

2. continuer _____

3. étudier (*make negative*) _____

4. commencer _____

5. avoir _____

6. être _____

B. Rewrite the following sentences in the imperative.

1. Tu ne manges pas de pain. _____

_____

2. Nous étudions avec Maude. _____

_____

3. Vous ne fumez pas ici. _____

_____

4. Tu ne regardes pas la télévision aujourd'hui. _____

_____

5. Vous êtes prudentes. _____

_____

6. Nous parlons anglais en cours. _____

_____

C. Write five commands that you would like to give your teacher.

MODEL: *Ayez de la patience! Ne soyez pas paresseux!*

_____

_____

_____

_____

_____

ECRIVONS

A. List five things that you would order if you were attending a dinner for a special occasion.

Je voudrais _____

_____

B. List five possessions that you are most proud of. Write a complete sentence using the verb **avoir.**

_____

_____

C. Write a brief paragraph stating several things that you feel strongly about.

MODEL: *Je déteste l'alcool.*
             J'adore la glace.

_____

_____

_____

_____

_____

REVISION A

Chapitres 1 à 3

A. Fill in each blank with the appropriate word from the list.

êtes   fenêtre   boissons   avez
boîtes   avocat   auteur   oncle
garçon   cousin   froid   acteur

1. L(e) _____ de *Hamlet* est William Shakespeare.

2. Les Dupont ont deux filles et un _____.

3. La bière, le thé et l'eau sont des _____.

4. Si on aime danser, on fréquente des _____.

5. Perry Mason est _____.

6. Le fils de ma tante est mon _____.

7. On ferme l(a) _____ quand on a _____.

8. Vous _____ dix-huit ans?

B. Match each word in the column on the left with its antonym (opposite) on the right. Write the answer in the space provided.

1. tort   _____   a. neveu

2. fermé   _____   b. femme

3. homme   _____   c. ennuyeux

4. facile   _____   d. raison

5. désagréable   _____   e. difficile

6. intéressant   _____   f. dernier

7. nièce   _____   g. sympathique

8. premier   _____   h. ouvert

C. Match the words in the two columns that are related. Write the answer in the space provided.

1. apprécier _____   a. garçon

2. sympathique _____   b. agréable

3. beurre _____   c. disque

4. musique _____   d. vin

5. ami _____   e. crayon

6. alcool _____   f. camarade

7. stylo _____   g. aimer

8. restaurant _____   h. crème

D. Write a question and answer that contain each of the following words once.

1. regarder _____

_____

2. boîte _____

_____

3. confiture _____

_____

4. méchant _____

_____

5. musique moderne _____

_____

Name _____ Section _____ Date _____

E. Write a ten-line dialogue based on the following picture.

_____

_____

_____

_____

_____

_____

_____

_____

_____

_____

Chapitre 4

LES VOYAGES

I. A AND DE WITH DEFINITE ARTICLES

A. Fill in each blank with the appropriate preposition, article, or preposition plus article.

1. Il est _____ restau-U.

2. Elle est loin _____ banque.

3. J'habite derrière _____ église.

4. Ils sont à côté _____ théâtre.

5. Elles parlent _____ enfants.

6. Nous n'avons pas les stylos _____ professeur.

7. Je suis devant _____ magasin.

8. Tu étudies _____ chambre?

9. Vous êtes près _____ cinéma.

10. Voici les livres _____ étudiants.

B. Write a sentence to indicate the location of the people pictured below.

MODEL: Un homme
         Un homme est devant la porte.

1. Jacques _____

2. Marie _____

3. L'enfant _____

4. Eric _____

5. M. Belcour _____

6. L'agent de police _____

C. Describe your neighborhood or town, locating the following places: **la pharmacie, le lycée, la banque, la bibliothèque, le cinéma.**

1. _____

2. _____

3. _____

4. _____

5. _____

II. ALLER / THE FUTUR PROCHE

A. Translate the following expressions.

1. How are you? (*familiar*) _____

2. We are fine. _____

3. Go ahead! (*formal*) _____

4. Shall we go? _____

B. Rewrite the following sentences in the **futur proche.**

1. Il habite à Montréal. _____

2. Nous arrivons en classe ensemble. _____

   _____

3. Le professeur ne donne pas de devoirs. _____

   _____

4. Je voyage avec Jacqueline. _____

5. Vous êtes fatigués? _____

6. Tu n'as pas froid? _____

C. Write what plans people have for next weekend by forming complete sentences with the words given and the **futur proche.**

1. Marie / étudier / français _____

2. prof / voyager _____

3. parents de Julie / inviter / cousins _____

   _____

4. camarades de Chantal / aller / bibliothèque _____

   _____

5. Charles / regarder / télé _____

6. Je / visiter / musée _____

D. Tell what will logically follow the statements given below. There are several possibilities, so use your imagination.

MODEL: Marc a beaucoup de devoirs.
Il va rester à la maison.

1. Jean a faim. _____

2. Les étudiants terminent les devoirs. _____

_____

3. J'adore les sports. _____

4. Nous travaillons tous les jours. _____

_____

5. Elles aiment bien les films français. _____

_____

6. Vous êtes paresseux. _____

_____

E. Make a list of five sentences describing what you are going to do or not going to do tomorrow.

MODEL: *Je ne vais pas aller en cours.*

1. _____

2. _____

3. _____

4. _____

5. _____

III. ARTICLES AND PREPOSITIONS WITH PLACE NAMES

A. Fill in each blank with a preposition or a definite article.

1. Genève est _____ Suisse.

2. Il va visiter _____ Espagne et _____ Portugal.

3. Allez-vous voyager _____ Amérique?

4. Elles travaillent _____ Bruxelles.

5. _____ Canada est un pays fascinant.

6. Elles habitent _____ Brésil.

7. Nous allons _____ Danemark.

8. Elle va étudier _____ Chine.

9. _____ Maroc, on parle français.

10. _____ Zaïre est _____ Afrique.

B. Use each group of words to write a sentence.

1. Nous / aller / visiter / Italie _____

_____

2. Paris / on / trouver / restaurants / mexicains _____

_____

3. Danemark / et / Portugal / être / Europe _____

_____

4. Marc et Pierre / aller / La Havane _____

_____

5. Il y a / Français / Canada _____

_____

6. Mozambique / et / Sénégal / être / Afrique _____

_____

C. Write where the following people live.

MODEL: Jacques Chirac   *Il habite en France.*

1. Juan Carlos _____

2. Lady Diana _____

3. Sophia Loren _____

4. Helmut Kohl _____

5. Pelé _____

6. Isabelle Huppert _____

7. Hillary Clinton _____

8. Jean Chrétien _____

D. List five countries that you would like to visit in their order of importance to you and give a reason why.

MODEL: *Je voudrais visiter le Brésil parce que j'aime les plages.*

1. _____

_____

2. _____

_____

3. _____

_____

4. _____

_____

5. _____

_____

IV. NUMBERS FROM 70 TO 1,000,000,000

A. Write the following numbers:

75 _____

777 _____

900 _____

15,514 _____

123,460 _____

_____

1,246,789,253 _____

_____

B. Write the following math problems with answers.

   MODEL: 30 – 12 =
            Trente moins douze égalent dix-huit.

   1. 72 + 97 = _____

   _____

   2. 84 + 94 = _____

   _____

   3. 100 – 16 = _____

   _____

   4. 216 – 18 = _____

   _____

   5. 485 – 96 = _____

   _____

   6. 10,215 + 154,867 = _____

   _____

C. Do you know Roman numerals? Write the six numbers below using the following guide for help.

I	un	L	cinquante	D	cinq cents
V	cinq	C	cent	M	mille
X	dix				

   1. CCCXI _____

   2. DLXXXI _____

   3. DCLXXV _____

   4. DCCXLVIII _____

   5. CMLXXI _____

   6. CMXCV _____

D. You are traveling in the **Pyrénées** region of southwestern France. Write which road you would take to get from one city to the other.

MODEL: Carcassonne—Narbonne: 113
On va de Carcassonne à Narbonne par la route cent treize.

1. Gaillac—Montauban: 99 _____

_____

2. Lautrec—Graulhet: 83 _____

_____

3. Perpignan—Argelès: 114 _____

_____

4. Lourdes—Pau: 637 _____

_____

5. Fleurance—Condom: 654 _____

_____

6. Toulouse—Albi: 88 _____

_____

E. Translate the following expressions.

1. fifty-seven million French people _____

2. two hundred forty million Americans _____

3. one billion francs _____

4. thirty-five hundred francs _____

5. a thousand students _____

6. a hundred thousand books _____

ECRIVONS

A. Write a brief composition by answering the following questions.

Comment est-ce que vous vous appelez? Où est-ce que vous habitez? Où habitent vos parents? Est-ce que vous aimez voyager? Où est-ce que vous désirez voyager? Avec qui? (*With whom?*) Quels pays et quelles villes est-ce que vous allez visiter? Est-ce que vous désirez travailler en Europe? en Afrique? Où?

_____

_____

_____

_____

_____

_____

_____

B. Vous aimez mieux les vacances d'été (*summer*) ou les vacances d'hiver (*winter*)? Pourquoi?

_____

_____

_____

_____

C. Est-ce que vous aimez mieux passer des vacances seul(e) ou avec beaucoup de gens (*people*)? Où est-ce que vous allez pour être seul(e) et pour être avec beaucoup de gens?

_____

_____

_____

_____

Chapitre 5

LE MONDE FRANCOPHONE

I. THE VERB FAIRE

A. Use each group of words to write a sentence.

1. Est-ce que / vous / faire / achats? _____

_____

2. Nous / faire / courses / France _____

3. Paul / faire / queue / devant / magasin _____

4. Il / ne / faire / pas / chaud; Paul / porter / manteau _____

_____

5. Voilà / chaussures / pour / faire / sport _____

6. Faire / attention! / vêtements / être / cher / Europe _____

_____

B. What do you do in the following situations?

MODEL: Vous terminez le dîner.
        Je fais la vaisselle.

1. C'est le week-end, et vous êtes fatigué(e). _____

_____

2. Vos parents arrivent demain. _____

_____

3. Vous arrivez au cinéma et il y a cinquante étudiants devant la porte. _____

_____

4. Il n'y a pas de nourriture dans votre frigidaire. _____

_____

5. Il fait beau et chaud. _____

_____

6. Votre maillot de bain est trop petit. _____

_____

C. Describe each of the actions below with a sentence using the verb **faire.** Follow the model.

MODEL: *Il fait ses valises.*

1. _____

2. _____

3. _____

4. _____

5. _____

6. _____

D. Translate the following sentences into French.

1. I hate to do housework. _____

2. Are you going to do the dishes? _____

_____

3. No, Catherine and I are going to do some errands. _____

_____

4. Isn't it too hot? _____

5. No, the Morins are taking a walk now. _____

_____

6. They aren't on a diet! _____

II. THE **PASSE COMPOSE**

A. Change the following sentences to the **passé composé.**

1. J'emporte des vêtements de plage. _____

2. L'imperméable de Marc coûte très cher. _____

_____

3. Tu portes une cravate tous les jours? _____

_____

4. Je cherche une chemise blanche. _____

5. Vous apportez un maillot de bain? _____

6. Je trouve les lunettes de soleil de Christine dans la voiture. _____

_____

B. Rewrite each sentence using the cue in parentheses.

1. Il étudie à la bibliothèque. (Hier,...) _____

_____

2. Nous faisons un tour. (... la semaine dernière.) _____

_____

3. Vous faites du sport? (... l'été dernier?) _____

_____

4. Ils terminent les bagages. (... déjà...) _____

_____

5. J'ai des amis à la maison. (... le week-end dernier.) _____

_____

6. Elles sont en vacances en Europe. (L'année dernière...) _____

_____

C. Write a story in the **passé composé** using the suggestions below.

Georges Martin...

ne... pas être en classe hier / faire la grasse matinée / manger à midi / porter des vêtements chauds / faire une promenade dans le parc / avoir froid / trouver un café / commander une boisson chaude et parler avec le garçon / regarder la télévision

_____

_____

_____

_____

_____

_____

_____

Name _____ Section _____ Date _____

III. POSSESSIVE ADJECTIVES

A. Fill in each blank with the appropriate possessive adjective that corresponds to the English cue.

1. (*my*) _____ tee-shirt

7. (*our*) _____ chaussures

2. (*your*) _____ gants

8. (*your*) _____ robe

3. (*his*) _____ sac

9. (*our*) _____ parapluie

4. (*her*) _____ sac

10. (*my*) _____ chemise de nuit

5. (*their*) _____ polos

11. (*my*) _____ pantalon

6. (*your*) _____ jupe

12. (*her*) _____ pyjama

B. Rewrite each sentence, replacing the italicized words with the correct possessive adjective.

1. J'ai trouvé les chaussures *de Lise.* _____

2. Elle a le pyjama *de M. Morin.* _____

3. Les chaussettes *des enfants* sont dans le sac. _____

4. Regardez la veste *du président.* _____

5. Je vais chercher la ceinture *de Gérard.* _____

6. Tu aimes le chemisier *de Claude.* _____

C. Complete the following sentences with your personal opinions.

1. _____ couleur préférée est le _____.

2. _____ restaurants préférés sont _____.

3. _____ livre préféré est _____.

4. _____ boisson préférée est _____.

5. _____ film préféré est _____.

6. _____ actrice préférée est _____.

IV. STRESSED PRONOUNS

A. Add emphasis to each sentence by using a stressed pronoun.

1. _____, je suis optimiste!

2. _____, elle a du talent!

3. Ils font du sport, _____!

4. Tu aimes porter des vêtements blancs, _____?

5. _____, nous allons faire un tour.

6. J'aime les pâtes, _____.

B. Fill in each blank with the stressed pronoun that corresponds to the English cue.

1. Il va faire des courses avec _____. (*them*)

2. Elle habite chez _____. (*our house*)

3. Je vais arriver sans _____. (*him*)

4. Avec _____, on n'est pas certain. (*them*)

5. Ne parlez pas anglais devant _____. (*us*)

6. Tu vas apporter les valises avec _____? (*you*)

C. Translate the following sentences using stressed pronouns.

1. *I*'m going to take my sunglasses. And you? _____

_____

2. Me? I'm going to work. _____

3. *Suzanne* is going to wear a blue skirt. _____

_____

4. Aren't you going to go with them? _____

5. No, they are going to go to France without me. _____

_____

6. This suitcase isn't theirs. _____

ECRIVONS

A. Write a composition by answering the following questions.

Qu'est-ce que vous avez fait hier? Qu'est-ce que vous avez porté? Est-ce que vous avez fait la cuisine? Qu'est-ce que vous avez mangé? Vous avez étudié? Où? Quand est-ce que vous avez fait la vaisselle? Vous avez regardé la télévision avec vos amis? Comment est-ce que vous avez terminé votre journée (*day*)?

_____

_____

_____

_____

_____

_____

_____

_____

_____

B. What three things do you like to do under the following conditions?

1. Quand il fait beau, _____

_____

_____

2. Quand il fait très froid, _____

_____

_____

3. Quand je n'ai pas de cours, _____

_____

_____

C. Write a brief paragraph telling what clothing you like to wear and why. Try to embellish your description of the clothing by using adjectives of color.

_____

_____

_____

_____

_____

_____

_____

Chapitre 6

LES TRANSPORTS

I. THE **PASSE COMPOSE** WITH **ETRE**

A. **Des exilés célèbres.** Many famous French people have become exiles for political or personal reasons. Identify the person with his place of exile by writing a sentence using the verb **aller.** Note that if the place is an island, the preposition **à** is used.

MODEL: Rimbaud   _Rimbaud est allé en Afrique._

1. Victor Hugo   a. Belgique

2. Voltaire   b. Angleterre

3. De Gaulle   c. Jersey / Guernesey

4. Baudelaire   d. près de la Suisse

5. Napoléon   e. Tahiti

6. Gauguin   f. Sainte-Hélène

* 1. _Victor Hugo est allé en Belgique_

* 2. _Voltaire est allé en Angleterre_

* 3. _De Gaulle est allé à Jersey_

* 4. _Baudelaire est allé en près de la Suisse_

* 5. _Napoléon est allé à Tahiti_

* 6. _Gauguin est allé en Sainte-Hélène_

B. Match the following famous people with their birthplaces according to the choices provided.

MODEL: Michael J. Fox   *Il est né au Canada.*

1. Sinéad O'Connor   a. France
2. Juan Carlos   b. Italie
3. Sophia Loren   c. Pologne
4. Catherine Deneuve   d. Belgique
5. Quincy Jones   e. Espagne
6. Jacques Brel   f. Irlande
7. Jean-Paul II   g. Etats-Unis

* 1. ~~Sinéad O'Conner~~ ~~Il~~ Elle est né au France

* 2. Il est né au Italie

* 3. Elle est né au Pologne.

* 4. Elle est né au Belgique

* 5. Il est né au ~~Espagne~~ Etas-Unis.

* 6. Il est né au Irlande.

* 7. Il est né au Etas-Unis

C. **Laure va en France.** Rewrite each sentence in the **passé composé.**

1. Laure arrive de Belgique en train. Laure est arrivée de Belgique en train.

2. Moi, je reste à Paris. Moi, je suis resté à Paris.

3. Nous montons à la tour Eiffel. Nous sommes montés à la tour Eiffel.

* 4. Ses parents vont en Espagne. Ses parents sont ~~venu~~ allés en Espagne.

5. Ils rentrent à 3 heures. Ils sont rentrés à 3 heures.

6. Nous, nous n'allons pas en vacances cette année. Nous, nous ne sommes pas allés en vacances cette année.

Name _Andy Peters_   Section _____ Date _____

D. **En famille.** Make complete sentences, adding any necessary words.

1. Mon / fils / naître / Montréal   Mon fils ~~naissent~~ est né à Montréal. _____

_____

2. Il / commencer / école à 6 ans   Il commence a ~~en~~ à école à 6ans. _____

_____

3. Nous / aller / France / en bateau / année dernière   Nous ~~allons~~ sommes allés en France en bateau

l'année dernière. _____

4. Mon / enfant / rester / Paris / trois ans   Mon enfant resté est ~~en~~ à Paris à trois en pendant

ans. _____

5. Nous / rentrer / Canada / 9 heures   Nous ~~rentrons~~ sommes ~~est~~ rentrés ~~a en~~ au Canada en 9 heures.

_____

6. Ma / famille / faire / voyage / Europe / été dernier   Ma famille ~~fait un~~ a fait un voyage

en Europe l'été dernier. _____

E. **Nos grandes vacances.** Change the following sentences about summer vacation to the **passé composé.** Be sure to distinguish between verbs that take **être** and those that take **avoir.**

1. Vous allez en France cette année?   Vous êtes allé en France cette année ?

2. Oui, nous arrivons au début des vacances.   Oui, ~~nos~~ nous sommes arrivés au

début des vacances. _____

3. Et nous ne restons pas à Paris.   Et nous sommes ne restés pas à Paris. _____

_____

4. Nous visitons beaucoup de villes.   Nous avons visité beaucoup de villes. _____

_____

5. Nos amis vont avec nous.   Nos amis ~~et~~ ont ~~vont~~ allés avec nous. _____

6. Ils font le voyage en autocar.   Ils ont fait le voyage en autocar. _____

7. Nous montons en Hollande ensemble.   Nous sommes montés en Hollande

ensemble. _____

8. Nous rentrons par Londres.   Nous sommes restés par Londres _____

F. Questions personnelles.

1. A quelle heure est-ce que vous êtes rentré(e) hier soir? _Je suis ne rentre pas._

2. Est-ce que vous avez rencontré des amis? _Nous avons recontré des amis._

3. Est-ce que vous êtes déjà allé(e) à l'université à bicyclette? _Je suis déjà allé à l'université à bicyclette._

4. Quand est-ce que vous avez fait vos devoirs? _Je J'ai fait vos devoirs_

5. Où est-ce que vous êtes allé(e) pour dîner? _Je suis allé pour dîner._

6. Vous êtes arrivé(e) en retard ce matin? _Nous sommes arrivés en retard ce matin._

II. INVERSION AND INTERROGATIVE ADVERBS

A. Les voyages. Change the following sentences to questions with inversion.

1. Ils adorent les voyages en bateau. _Adorent-ils les voyages en bateau?_

2. Elle n'est pas allée à la gare en taxi. _N'est-elle pas allée à la gare en taxi?_

3. Est-ce que vous montez souvent en avion? _Montez-vous souvent en avion?_

4. Vous faites vos valises, n'est-ce pas? _Faites-vous vos valises?_

5. Pierre n'arrive pas de New York en train. _N'arrive-Pierre pas de New York en train?_

6. Les Américains vont en Europe en bateau. *Vont- les Américains en Europe en bateau.*

B. **Sylvie et son mari.** For each sentence, ask the question with inversion that elicits the italicized information.

1. Sylvie est née *en Belgique.* _____

2. Elle a *deux* enfants. _____

3. Elle va au travail *en métro.* _____

4. Son mari reste à la maison *parce qu'il ne travaille pas.* _____

_____

5. *La semaine prochaine,* ils vont aller voir leurs parents. _____

_____

6. Ils vont arriver chez eux *à deux heures de l'après-midi.* _____

_____

III. -RE VERBS

A. **Qu'est-ce qu'on fait?** Answer the following questions, using the words in parentheses.

1. Qui attendons-nous? (On... nos amis) _____

_____

2. Vous entendez cela? (Oui, nous... le téléphone) _____

_____

3. Tu veux répondre? (Non, Pierre... déjà...) _____

_____

4. Est-ce qu'ils ont rendu le film à Blockbuster? (Non, ils... plus tard) _____

_____

5. Très bien. Est-ce qu'ils peuvent apporter leur dernier CD? (Non, ils... perdre...) _____

_____

6. Tu es certain? (Oui, je... entendre Christine dire cela) _____

_____

_____

B. **Ma voiture.** Fill in each blank with the correct form of the appropriate verb from the list below.

rendre   vendre   perdre   répondre   entendre   attendre

1. Je ne vais pas _____ ma voiture à Eric.

2. Il _____ ma voiture à mon père hier.

3. Mon père lui a demandé de garder la voiture, mais il n'_____ pas

    _____ !

4. Si j'_____ trop longtemps, personne ne va acheter la voiture.

5. Si tu _____ quelque chose, téléphone-moi!

6. Nous _____ déjà _____ trop de temps!

IV. TELLING TIME

A. Write out the following times.

1. 12:15 P.M. _____

2. 1:25 P.M. _____

3. 6:30 P.M. _____

4. 11:45 P.M. _____

5. 4:10 A.M. _____

6. 9:35 A.M. _____

B. **Le décalage horaire.** The east coast of the United States is six hours behind France. If it is the following time in Paris, what time is it in New York? Write out the times in French.

1. 6:00 A.M. _____

2. 12:15 P.M. _____

3. 6:30 P.M. _____

4. 9:45 P.M. _____

5. 12:01 P.M. _____

6. 5:55 A.M. _____

ECRIVONS

A. A police inspector is investigating a case in your neighborhood. Answer her questions about your schedule for yesterday afternoon.

Où êtes-vous allé(e) après les cours? Combien de temps êtes-vous resté(e)? A quelle heure êtes-vous rentré(e) à la maison? Etes-vous monté(e) à l'appartement de vos amis? Avez-vous laissé la porte de votre appartement ouverte? Etes-vous descendu(e) dans la rue après 21 heures?

_____

_____

_____

_____

_____

_____

_____

_____

_____

B. Récemment, qu'est-ce que vous avez vendu? perdu? rendu à des amis?

_____

_____

_____

_____

_____

C. Perdez-vous patience facilement? Avez-vous perdu patience récemment? Pourquoi?

_____

_____

_____

_____

_____

_____

REVISION B

Chapitres 4 à 6

A. Complete the following sentences appropriately.

1. Pour avoir de l'argent, je vais à _____.

2. Nous avons vendu nos livres à _____ de l'université.

3. Je n'ai pas d'amis dans cette ville et je vais demander une chambre dans un

   _____.

4. Tiens! Je vais rendre mes livres à _____.

5. Si tu arrives par le train à 6 heures, je vais t'attendre à _____.

6. Demandez une chambre à _____.

B. Fill in the blanks with an appropriate word or words.

1. Après le dîner, on fait la _____.

2. Je vais acheter des livres à la _____.

3. Je fais _____ jusqu'à midi parce que je suis paresseux.

4. Pierre n'est pas en retard; il est _____.

5. Le professeur porte une _____ avec sa chemise.

6. Cendrillon (*Cinderella*) est rentrée à la maison à _____.

C. Give the antonym (opposite) of the following words.

1. près de   _____

2. derrière   _____

3. déjà   _____

4. avec   _____

5. manger beaucoup   _____

6. dernier   _____

7. beaucoup   _____

8. hier   _____

9. sur   _____

10. penser à   _____

D. Fill in the boxes below to spell the names of the countries whose capitals are listed below.

ACROSS

1. Pékin

2. Vienne

3. Berne

4. Stockholm

5. Dublin

6. Brasilia

DOWN

1. Ottawa

7. Rome

8. Washington

9. Paris

10. Tokyo

11. Madrid

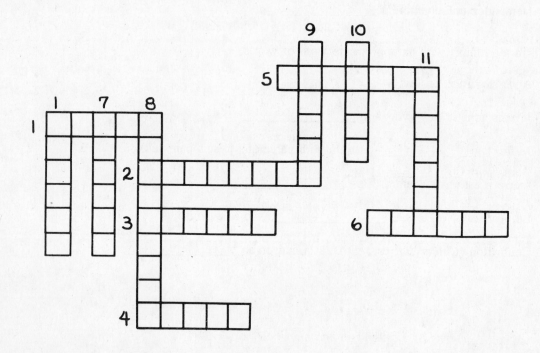

Chapitre 7

AU TELEPHONE

I. INTERROGATIVE AND DEMONSTRATIVE ADJECTIVES

A. Complétez les questions et réponses suivantes avec une forme de **quel** et **ce.**

MODÈLE: *Quel* disque compact avez-vous acheté?
J'ai acheté *ce* disque compact-*ci*.

1. _____ cravate désirez-vous?

   Une cravate pour _____ costume.

2. _____ cadeau avez-vous trouvé?

   J'ai trouvé _____ sac-_____.

3. Dans _____ chambre étudiez-vous?

   Dans _____ chambre-_____.

4. Vous avez apporté _____ cassettes?

   J'ai apporté _____ cassettes.

5. Dans _____ restaurant aimez-vous dîner?

   Dans _____ restaurant-_____.

6. _____ Walkman aimez-vous mieux?

   J'aime mieux _____ Walkman-_____.

7. _____ téléviseurs recommande-t-on?

   On recommande _____ téléviseurs-_____.

8. Vous êtes arrivée dans _____ autobus?

Je suis arrivée dans _____ autobus-_____.

B. Trouvez les questions qui (*which*) provoquent les réponses suivantes et écrivez-les (*write them*). Employez des adjectifs interrogatifs.

MODÈLE: J'aime ce CD.
          Quel CD aimez-vous?

1. Marie est arrivée à huit heures. _____

_____

2. Je cherche le Walkman de Christine. _____

_____

3. Louise a dix-huit ans. _____

4. Je vais visiter Nice. _____

5. Nous sommes allés à l'appartement 13A. _____

_____

6. J'aime les Renault et les Citroën. _____

_____

7. Elles habitent cette maison-là. _____

_____

8. Nous aimons mieux les jeans et les pulls. _____

_____

C. **Interview avec un critique de cinéma au Festival de Cannes.** Voilà les réponses du critique; trouvez les questions du journaliste. Suivez le modèle.

MODÈLE: *Quels films aimez-vous?*
          J'aime les films de Truffaut.

1. _____

J'admire les acteurs italiens.

2. _____

Nous allons regarder un film allemand cet après-midi.

3. _____

La France fait toujours des films extraordinaires.

4. _____

Je suis au Grand Hôtel.

5. _____

Les critiques dînent ensemble Chez Félix.

6. _____

J'ai étudié la cinématographie à l'Université de Montréal.

II. -IR VERBS

A. Complétez les phrases suivantes avec un des verbes suivants.

réfléchir   servir   rougir   dormir   réussir   obéir

1. Qu'est-ce que vous _____ comme hors-d'œuvre?

2. Les étudiants vont _____ à l'examen.

3. Laure est toujours fatiguée. Elle _____ trois heures par jour.

4. Il est méchant. Il n(e) _____ pas à ses parents.

5. Nous sommes optimistes. Nous n(e) _____ pas aux problèmes.

6. Elle _____ parce qu'elle a oublié de faire ses devoirs.

B. **La vie universitaire.** Formez des phrases complètes avec les mots donnés.

1. mauvais / étudiants / ne / réussir / pas / examens _____

_____

2. étudiants / intelligents / ne / désobéir / pas / professeur _____

_____

3. Réfléchir / quand / vous / passer / examen! _____

_____

4. Finir / votre / devoirs / et après / sortir / avec / votre / amis! _____

_____

5. professeurs / ne / punir / pas / étudiants _____

_____

6. On / ne / servir / pas / alcool / restau-U _____

_____

7. Dormir / vous / huit / heures tous les jours? _____

_____

8. Vous / ne / choisir / pas encore / profession? _____

_____

C. **Questions personnelles.** Réfléchissez bien!

1. Avez-vous déjà choisi une profession? Quelle profession? _____

_____

_____

2. Comment est-ce qu'on réussit à l'université? _____

_____

_____

3. Avez-vous rougi récemment? Pourquoi? _____

_____

_____

4. Avec qui est-ce que vous allez sortir ce week-end? Qu'est-ce que vous allez faire? _____

_____

_____

5. Qu'est-ce qu'on sert au restaurant universitaire? Cela sent bon ou mauvais? _____

_____

_____

6. A quelle heure finissez-vous vos cours? _____

_____

_____

III. INTERROGATIVE PRONOUNS

A. Donnez une autre forme pour les questions suivantes, si c'est possible.

1. —Qui est arrivé? _____

   —Madame Pinton est arrivée.

2. —Qui est-ce que vous allez inviter? _____

   —Nous allons inviter nos parents.

3. —Qu'est-ce que vous avez fait? _____

   —J'ai donné des cassettes à mes amis américains.

4. —Qu'est-ce qui est arrivé? _____

   —J'ai oublié mon portefeuille à la piscine.

5. —Qui est-ce qui a téléphoné? _____

   —Marie. Elle a un problème.

6. —Que vont-ils faire? _____

   —Ils vont chercher un répondeur pour leurs parents.

B. **Chez Pierre.** Trouvez les questions qui correspondent aux réponses suivantes. Faites attention aux mots en italique.

1. *Pierre* est monté dans sa chambre. _____

   _____

2. Il cherche *un disque compact de Jacques Brel.* _____

   _____

3. *Le répondeur* est sur son bureau. _____

   _____

4. Il téléphone *à son amie Françoise.* _____

   _____

5. Il *invite* Françoise. _____

   _____

6. Elle adore *Brel*. _____

_____

7. Elle a laissé *son portable* chez ses copines. _____

_____

8. Elle va arriver chez lui à *sept heures et demie.* _____

_____

C. **Conférence de presse du Président.** Préparez une liste de cinq questions à poser au Président des Etats-Unis.

1. _____

2. _____

3. _____

4. _____

5. _____

IV. POUVOIR AND VOULOIR

A. **M. Calvet reste à la maison avec ses enfants et il téléphone au bureau de sa femme.** Formez des phrases complètes avec les mots donnés.

1. Les enfants / ne / vouloir / pas / obéir _____

_____

2. Robert / ne / pouvoir / pas / finir / son / déjeuner _____

_____

3. Marie / vouloir / jouer / dans / rue _____

_____

4. Nous / ne / pouvoir / pas / trouver / clés / de Robert _____

_____

5. Tu / pouvoir / téléphoner / ton / mère? _____

_____

6. Je / vouloir / laisser / notre / enfants / chez / notre / amis _____

_____

66

Name _____ Section _____ Date _____

B. **Persuasion.** Mettez les phrases suivantes au passé composé.

1. Qui est-ce qui veut aller au concert? _____

_____

2. Nous ne voulons pas rentrer après minuit. _____

_____

3. Marie ne veut pas sortir avec nous. _____

_____

4. Est-ce que tu peux partir en avance? _____

_____

5. Nous voulons être à l'heure. _____

6. Quels amis ne peuvent pas aller avec nous? _____

_____

C. **On ne peut pas ou ne veut pas?** Complétez les phrases suivantes avec **pouvoir** ou **vouloir** et des idées originales.

MODÈLE: Je ne vais pas danser ce week-end parce que *je ne veux pas.*

1. Je n'ai pas fini mes devoirs parce qu(e) _____

_____

2. Mes amis n'ont pas choisi ce restaurant chinois parce qu(e) _____

_____

3. Je ne dors pas jusqu'à midi le week-end parce qu(e) _____

_____

4. En France, les étudiants n'obéissent pas à la police parce qu(e) _____

_____

5. Je ne fume pas parce qu(e) _____

6. Je ne mange pas de chocolat parce qu(e) _____

_____

D. **Pouvez-vous et voulez-vous faire les choses suivantes?** Répondez à chaque suggestion selon le modèle et utilisez vos propres idées.

MODÈLE: étudier jusqu'à trois heures du matin?
Je peux étudier jusqu'à trois heures du matin, mais je ne veux pas.

1. chanter devant des amis? _____

   _____

2. acheter un avion? _____

   _____

3. changer les piles d'un transistor? _____

   _____

4. faire la cuisine? _____

   _____

5. être médecin? _____

   _____

6. avoir un A en français? _____

   _____

ECRIVONS

A. Répondez aux questions suivantes pour écrire (*to write*) un paragraphe.

Que voulez-vous faire ce soir? Sortez-vous dîner? Qui va choisir le restaurant? Quel restaurant aimez-vous mieux? A quelle heure allez-vous partir? Vous voulez aller en voiture ou à pied? Pouvez-vous trouver un parking près du restaurant? Quelles spécialités est-ce qu'on sert au restaurant? Qu'est-ce que vous recommandez? Quand vous finissez votre dîner, qu'est-ce que vous faites? Quand vous quittez le restaurant, où pensez-vous aller? Aimez-vous mieux aller dans une boîte ou rentrer pour dormir?

_____

_____

_____

_____

_____

_____

_____

_____

B. Ecrivez un dialogue entre un homme et une femme qui communiquent par Minitel.

_____

_____

_____

_____

_____

_____

_____

C. Posez six questions basées sur le paragraphe suivant.

La carte internationale

Avec la **Carte Télécom Internationale** vous pouvez téléphoner en France et dans beaucoup de pays. De France, on peut téléphoner directement ou parler à l'opératrice. Il est aussi possible de téléphoner en France quand on est aux Etats-Unis. Mais pour cela, il faut une seconde carte, **Utilisation à l'étranger.** Pour avoir cette carte, téléphonez au 05.19.58.30.

Si vous voulez des renseignements sur la **Carte Télécom Internationale,** téléphonez au 14 ou visitez une «téléboutique».

1. _____

2. _____

3. _____

4. _____

5. _____

6. _____

Chapitre 8

PARIS

I. THE WEATHER (LA METEO)

A. **Prévisions.** Mettez (*Put*) les phrases suivantes au temps (*tense*) indiqué.

1. Hier, il a fait de l'orage. (*présent*) _____

_____

2. A Nice, il fait du soleil. (*futur proche*) _____

_____

3. Elles vont avoir froid à la plage. (*passé composé*) _____

_____

4. Est-ce qu'il va faire bon aujourd'hui? (*passé composé*) _____

_____

5. Il va faire frais ce soir. (*présent*) _____

_____

6. Est-ce qu'il pleut beaucoup? (*passé composé*) _____

_____

B. **Faisons un pique-nique!** Complétez les phrases suivantes avec la forme correcte du verbe **avoir, être** ou **faire.** Attention au contexte!

1. Est-ce qu'il va _____ du vent cet après-midi?

2. Les enfants vont _____ froid!

3. Quand nous _____ chaud, nous n(e) _____ pas faim.

4. La bière _____ trop froide.

5. Ce soir, il n(e) _____ pas très beau.

6. Est-ce que les cocas _____ chauds?

7. J(e) _____ très chaud quand il _____ du soleil.

8. Est-ce qu'il _____ froid ici?

C. **Notre climat.** Traduisez les phrases suivantes.

1. It isn't always nice here. _____

2. It was hot last year. _____

3. It's windy and cool in the morning. _____

4. It's foggy and it's going to rain this afternoon. _____

_____

5. There's going to be a storm tomorrow. _____

_____

6. But it's going to be sunny this weekend. _____

_____

D. Ecrivez (*Write*) cinq phrases pour décrire (*describe*) cette illustration.

72

Name _____ Section _____ Date _____

1. _____

2. _____

3. _____

4. _____

5. _____

II. SUIVRE / SUIVRE DES COURS

A. Complétez les phrases suivantes au présent en utilisant **suivre, faire,** ou **étudier,** et ajoutez (*add*) les articles nécessaires.

1. Mes amis _____ des cours à l'université.

2. Jacqueline _____ du latin et _____ maths.

3. Robert _____ en philo.

4. Mon camarade de chambre _____ un cours _____ chimie.

5. Mon amie Chantal et moi, nous _____ du français.

6. Et toi, quels cours _____-tu?

B. Remplacez le verbe en italique par le verbe entre parenthèses et faites les changements nécessaires.

1. Elles veulent *suivre un cours de* russe. (faire) _____

_____

2. Est-ce que tu *as fait* de la philo? (étudier) _____

_____

3. Cette année nous allons *étudier* l'informatique. (suivre un cours) _____

_____

4. Je *suis un cours de* maths. (étudier) _____

5. Ma sœur *étudie* l'anglais ce trimestre. (faire) _____

_____

6. Quand va-t-on *faire* du droit? (suivre un cours) _____

_____

C. **Les cours de littérature.** Votre sœur parle d'un personnage littéraire célèbre (*famous*). Quelle sorte de cours suit-elle?

MODÈLE: Cyrano de Bergerac
Elle suit un cours de français. / Elle fait du français. / Elle étudie le français.

1. Emma Bovary _____

2. Juliette _____

3. Sancho Panza _____

4. Faust _____

5. Anna Karénine _____

6. Electre _____

7. Laure et Béatrice _____

8. Jules César _____

III. DIRECT OBJECT PRONOUNS: THIRD PERSON

A. **Notre fils Roger.** Après dîner, les Diallo discutent de leur fils Roger. Répondez à leurs questions en employant un pronom complément d'objet direct dans vos réponses.

1. Roger aime *ses cours*? _____

2. Monique a-t-elle trouvé *la carte postale de Roger*? _____

_____

3. Il a suivi *le cours de Monsieur Lambert*? _____

4. Nous n'avons pas rencontré *ses amis*? _____

_____

5. Roger va-t-il étudier *l'informatique* l'année prochaine? _____

_____

6. Monique, tu n'as pas oublié *le colis de Roger* au lycée? _____

_____

B. **Notre cours d'informatique.** Mettez (*Put*) les phrases suivantes au temps donné entre parenthèses. Faites attention à l'accord (*agreement*) du participe passé.

1. Je le trouve intéressant. (*passé composé*) _____

2. Le matériel? Nous allons l'utiliser souvent. (*présent*) _____

3. Le logiciel? Jacqueline ne l'a pas emprunté. (*futur proche*) _____

4. Ton imprimante? Je vais la prêter à Françoise. (*passé composé*) _____

5. Ils n'ont pas pu l'acheter, ce traitement de texte. (*présent*) _____

6. Vous les aimez, ces tableurs? (*futur proche*) _____

C. **On est indécis!** Répondez aux questions suivantes en employant les mots entre parenthèses. Employez des pronoms dans vos réponses.

MODÈLE: Avez-vous trouvé mes notes? (Non,...)
           Non, je ne les ai pas trouvées.

1. Voulez-vous regarder mes cartes postales? (... plus tard.) _____

_____

2. A-t-il choisi ses cours? (Non,...) _____

_____

3. Est-ce qu'ils vont chercher leur courrier? (Non,... pas... aujourd'hui.) _____

_____

4. Voulez-vous ouvrir la fenêtre? (Non,...) _____

_____

5. Est-ce qu'elle veut emprunter la voiture de son père? (Oui, mais lui,... ne... pas... vouloir...

   prêter.) _____

_____

6. Quand avez-vous fait le ménage? (... la semaine dernière!) _____

_____

D. Qu'est-ce que vous pensez des choses suivantes? Employez des pronoms compléments d'objet direct et les verbes suivants: **adorer, aimer, ne pas aimer, détester.**

MODÈLE: les CD?   *Je les déteste.*

1. les lecteurs laser? _____

2. le matériel IBM? _____

3. les répondeurs? _____

4. les magnétoscopes? _____

5. la radio? _____

6. la télévision? _____

IV. VOIR

A. Refaites les phrases suivantes en employant les mots entre parenthèses.

1. Vois-tu souvent des films? (... vous...) _____

_____

2. Oui, j'ai vu un film de Tavernier. (... demain...) _____

_____

3. Il n'a pas vu de film hier? (Demain,...) _____

_____

4. Qui est-ce que tu vois au cinéma? (... ils...) _____

_____

5. Nous les avons revus. (... ne... pas...) _____

_____

6. Qu'est-ce qu'il voit cet après-midi? (... tu...) _____

_____

B. Utilisez la forme appropriée des verbes **voir, prévoir** ou **revoir** selon (*according to*) le contexte.

1. La météo _____ du vent cet après-midi.

2. Les Dupont? Je les _____ l'année dernière, mais je ne les _____ pas

   _____ cette année.

3. _____-vous _____ le dernier film de James Bond?

4. Je veux _____ tous les exercices avant l'examen.

5. _____ ! Faites attention!

6. _____-vous _____ du gâteau pour dix?

7. Nous ne _____ pas pourquoi notre fils n'a pas réussi.

8. Ils sont allés _____ leurs parents.

ECRIVONS

A. Composez un paragraphe en répondant aux questions suivantes.

Combien de cours suivez-vous ce trimestre / semestre? Qu'est-ce que vous étudiez? Faites-vous du français tous les jours? Quels cours aimez-vous beaucoup? Allez-vous en classe quand il fait beau? Vos professeurs sont-ils intéressants? Est-ce que vous les admirez? Allez-vous les voir souvent dans leur bureau? Faites-vous vos devoirs à la bibliothèque ou est-ce que vous les faites chez vous?

_____

_____

_____

_____

_____

_____

_____

_____

B. Ecrivez un paragraphe pour répondre aux questions suivantes. Utilisez des pronoms.

Quelle ville célèbre as-tu visitée? Quels monuments as-tu aimés? Dans quels restaurants as-tu mangé? Qu'est-ce que tu as vu dans les magasins? Qu'est-ce que tu veux revoir?

_____

_____

_____

_____

_____

_____

C. Ecrivez un paragraphe pour répondre aux questions suivantes.

Est-ce qu'on peut prévoir les choses (*things*)? Est-ce que certaines personnes (par exemple, Jeane Dixon) peuvent le faire? Avez-vous prévu un événement (*an event*) important? Expliquez.

_____

_____

_____

_____

_____

_____

D. Expédiez un télégramme à vos parents. Demandez de l'argent pour suivre des cours cet été.

N° 698 **TÉLÉGRAMME**

Ligne de numérotation

ZCZC

Ligne pilote

N° télégraphique

Étiquettes

Taxe principale.

Taxes accessoires

Total . .

Bureau d'origine

Mots   Date   Heure

N° d'appel :

INDICATIONS DE TRANSMISSION

Timbre à date

N° de la ligne du P.V. :

Bureau de destination   Code Postal ou Pays

Mentions de service

Services spéciaux demandés :
(voir au verso)

Inscrire en **CAPITALES** l'adresse complète (rue, n° bloc, bâtiment, escalier, etc...), le texte et la signature (une lettre par case ; **laisser une case blanche entre les mots**).

Pour accélérer la remise des télégrammes indiquer le numéro de téléphone (1) ou de télex (3) du destinataire

TF _____ TLX _____

Nom et adresse

TEXTE et éventuellement signature très lisible

Pour avis en cas de non-remise, indiquer le nom et l'adresse de l'expéditeur (2) :

728678 Y · Imp. Mod. · Limoges · 8.03.02.03

Chapitre 9

LA CUISINE

I. PRENOMINAL ADJECTIVES

A. **Ma nouvelle amie.** Refaites les phrases suivantes en ajoutant (*adding*) les adjectifs entre parenthèses.

1. J'ai rencontré une femme. (jeune, intéressant) _____

   _____

2. Elle porte toujours une robe. (beau, rouge) _____

   _____

3. Elle aime les restaurants. (bon, mexicain) _____

   _____

4. Elle adore visiter les villes. (vieux, italien) _____

   _____

5. Elle sort avec un homme. (jeune, fascinant) _____

   _____

6. C'est un acteur. (nouveau, français) _____

   _____

B. Décrivez les personnes et les choses dans le dessin suivant avec un des adjectifs donnés.

bon   mauvais   petit   grand   gros   joli
beau   laid   jeune   vieux   pauvre   nouveau

1. _____

2. _____

3. _____

4. _____

5. _____

6. _____

C. **De bonnes idées?** Est-ce que c'est une bonne ou une mauvaise idée? Expliquez!

MODÈLE: étudier le samedi soir
           C'est une bonne idée parce qu'on va avoir de bonnes notes.

1. Marcel Marceau à la radio _____

_____

_____

2. Etre le mari d'Elizabeth Taylor _____

_____

_____

3. Acheter une maison en Californie _____

_____

_____

4. Habiter au Népal _____

_____

_____

5. Sylvester Stallone dans le rôle de Hamlet _____

_____

_____

6. Une équipe de basket-ball avec Jack Nicholson _____

_____

_____

II. LE CALENDRIER

A. Répondez aux questions suivantes en consultant le calendrier.

1er SEMESTRE

JANVIER — ☉ 7 h 46 à 16 h 02
1 V JOUR de l'AN
2 S S. Basile
3 D **Épiphanie**
4 L S. Odilon
5 M S. Édouard
6 M S. Mélaine
7 J S. Raymond
8 V S. Lucien
9 S Sᵉ Alix
10 D S. Guillaume
11 L S. Paulin
12 M Sᵉ Tatiana
13 M Sᵉ Yvette
14 M Sᵉ Nina
15 V S. Remi
16 S S. Marcel
17 D Sᵉ Roseline
18 L Sᵉ Prisca
19 M S. Marius
20 M S. Sébastien
21 J Sᵉ Agnès
22 V S. Vincent
23 S S. Barnard
24 D S. Fr. de Sales
25 L Conv. S.Paul
26 M Sᵉ Paule
27 M Sᵉ Angèle
28 J S. Th.d'Aquin
29 V S. Gildas
30 S Sᵉ Martine
31 D Sᵉ Marcelle
Épacte 11/Lettre domínic. CB
Cycle solaire 9/Nbre d'or 13
Indiction romaine 11

FÉVRIER — ☉ 7 h 23 à 16 h 45
1 L Sᵉ Ella
2 M Présentation
3 M S. Blaise
4 J Sᵉ Véronique
5 V Sᵉ Agathe
6 S S. Gaston
7 D Sᵉ Eugénie
8 L Sᵉ Jacqueline
9 M Sᵉ Apolline
10 M S. Arnaud
11 J N.-D. Lourdes
12 V S. Félix
13 S Sᵉ Béatrice
14 D S. Valentin
15 L S. Claude
16 M Mardi-Gras
17 M Cendres
18 J Sᵉ Bernadette
19 V S. Gabin
20 S Sᵉ Aimée
21 D Carême
22 L Sᵉ Isabelle
23 M S. Lazare
24 M S. Modeste
25 J S. Roméo
26 V S. Nestor
27 S Sᵉ Honorine
28 D S. Romain
29 L S. Auguste

MARS — ☉ 6 h 34 à 17 n 33
1 M S. Aubin
2 M S. Charles le B.
3 J S. Guénolé
4 V S. Casimir
5 S S. Olive
6 D Sᵉ Colette
7 L Sᵉ Félicité
8 M S. Jean de D.
9 M Sᵉ Françoise
10 J S. Vivien
11 V Sᵉ Rosine
12 S Sᵉ Justine
13 D S. Rodrigue
14 L Sᵉ Mathilde
15 M Sᵉ Louise de M.
16 M Sᵉ Bénédicte
17 J S. Patrice
18 V S. Cyrille
19 S S. Joseph
20 D PRINTEMPS
21 L Sᵉ Clémence
22 M Sᵉ Léa
23 M S. Victorien
24 J Sᵉ Cath.de Su.
25 V Annonciation
26 S Sᵉ Larissa
27 D Rameaux
28 L S. Gontran
29 M Sᵉ Gwladys
30 M S. Amédée
31 J S. Benjamin

AVRIL — ☉ 5 h 30 à 18 h 20
1 S S. Hugues
2 S Sᵉ Sandrine
3 D PAQUES
4 L S. Isidore
5 M Sᵉ Irène
6 M S. Marcellin
7 J S. J.-B. de la S.
8 V Sᵉ Julie
9 S S. Gautier
10 D S. Fulbert
11 L S. Stanislas
12 M S. Jules
13 M Sᵉ Ida
14 J S. Maxime
15 V S. Paterne
16 S S. Benoît-J.
17 D S. Anicet
18 L S. Parfait
19 M Sᵉ Emma
20 M Sᵉ Odette
21 J S. Anselme
22 V S. Alexandre
23 S S. Georges
24 D Jour du Souvenir
25 L S. Marc
26 M Sᵉ Alida
27 M Sᵉ Zita
28 J Sᵉ Valérie
29 V Sᵉ Catherine S.
30 S S. Robert

MAI — ☉ 4 h 32 à 19 h 05
1 D FÊTE du TRAV.
2 L S. Boris
3 M SS. Phil., Jacq.
4 M S. Sylvain
5 J Sᵉ Judith
6 V Sᵉ Prudence
7 S Sᵉ Gisèle
8 D VIC. 45/F. J.-d'Arc
9 L S. Pacôme
10 M Sᵉ Solange
11 M Sᵉ Estelle
12 J ASCENSION
13 V Sᵉ Rolande
14 S S. Matthias
15 D Sᵉ Denise
16 L S. Honoré
17 M S. Pascal
18 M S. Éric
19 J S. Yves
20 V S. Bernardin
21 S S. Constantin
22 D PENTECÔTE
23 L S. Didier
24 M S. Donatien
25 M Sᵉ Sophie
26 J S. Bérenger
27 V S. Augustin
28 S S. Germain
29 D Fête des Mères
30 L S. Ferdinand
31 M Visitation

JUIN — ☉ 3 h 53 à 19 h 44
1 M S. Justin
2 J Sᵉ Blandine
3 V S. Kévin
4 S Sᵉ Clotilde
5 D Fête-Dieu
6 L S. Norbert
7 M S. Gilbert
8 M S. Médard
9 J Sᵉ Diane
10 V S. Landry
11 S S. Barnabé
12 D S. Guy
13 L S. Antoine de P.
14 M S. Élisée
15 M Sᵉ Germaine
16 J S. J.F. Régis
17 V S. Hervé
18 S S. Léonce
19 D S. Romuald
20 L S. Silvère
21 M ÉTÉ
22 M S. Alban
23 J Sᵉ Audrey
24 V S. Jean-Bapt.
25 S S. Prosper
26 D S. Anthelme
27 L S. Fernand
28 M S. Irénée
29 M SS.Pierre,Paul
30 J S. Martial
Fonderie CASLON · Paris

2ème SEMESTRE

JUILLET — ☉ 3 h 53 à 19 h 56
1 V S. Thierry
2 S S. Martinien
3 D S. Thomas
4 L S. Florent
5 M S. Antoine
6 M Sᵉ Mariette
7 J S. Raoul
8 V S. Thibaut
9 S Sᵉ Amandine
10 D S. Ulrich
11 L S. Benoît
12 M S. Olivier
13 M SS.Henri,Joël
14 J FÊTE NATIONALE
15 V S. Donald
16 S N.D.Mt-Carmel
17 D Sᵉ Charlotte
18 L S. Frédéric
19 M S. Arsène
20 M Sᵉ Marina
21 J S. Victor
22 V Sᵉ Marie-M.
23 S Sᵉ Brigitte
24 D Sᵉ Christine
25 L S. Jacques
26 M SS. Anne, Joa.
27 M Sᵉ Nathalie
28 J S. Samson
29 V Sᵉ Marthe
30 S Sᵉ Juliette
31 D S. Ignace de L.

AOUT — ☉ 4 h 26 à 19 h 27
1 L S. Alphonse
2 M S. Julien-Ey.
3 M Sᵉ Lydie
4 J S. J.M.Vian.
5 V S. Abel
6 S Transfiguration
7 D S. Gaétan
8 L S. Dominique
9 M S. Amour
10 M S. Laurent
11 J Sᵉ Claire
12 V Sᵉ Clarisse
13 S S. Hippolyte
14 D S. Evrard
15 L ASSOMPTION
16 M S. Armel
17 M S. Hyacinthe
18 J Sᵉ Hélène
19 V S. Jean Eudes
20 S S. Bernard
21 D S. Christophe
22 L S. Fabrice
23 M Sᵉ Rose de L.
24 M S. Barthélemy
25 J S. Louis
26 V Sᵉ Natacha
27 S Sᵉ Monique
28 D S. Augustin
29 L Sᵉ Sabine
30 M S. Fiacre
31 M S. Aristide

SEPTEMBRE — ☉ 5 h 09 à 18 h 31
1 J S. Gilles
2 V Sᵉ Ingrid
3 S S. Grégoire
4 D Sᵉ Rosalie
5 L Sᵉ Raïssa
6 M S. Bertrand
7 M Sᵉ Reine
8 J Nativité N.D.
9 V S. Alain
10 S Sᵉ Inès
11 D S. Adelphe
12 L S. Apollinaire
13 M S. Aimé
14 M La Sᵉ Croix
15 J S. Roland
16 V Sᵉ Édith
17 S S. Renaud
18 D Sᵉ Nadège
19 L Sᵉ Émilie
20 M S. Davy
21 M S. Matthieu
22 J AUTOMNE
23 V S. Constant
24 S Sᵉ Thècle
25 D S. Hermann
26 L SS.Côme,Dam.
27 M S. Vinc.de Paul
28 M S. Venceslas
29 J S. Michel
30 V S. Jérôme

OCTOBRE — ☉ 5 h 52 à 17 h 28
1 S Sᵉ Th. de l'E.J.
2 D S. Léger
3 L S. Gérard
4 M S. Fr. d'Assise
5 M S. Fleur
6 J S. Bruno
7 V S. Serge
8 S Sᵉ Pélagie
9 D S. Denis
10 L S. Ghislain
11 M S. Firmin
12 M S. Wilfried
13 J S. Géraud
14 V S. Juste
15 S S. Th. d'Avila
16 D Sᵉ Edwige
17 L S. Baudouin
18 M S. Luc
19 M S. René
20 J Sᵉ Adeline
21 V Sᵉ Céline
22 S Sᵉ Élodie
23 D S. Jean de C.
24 L S. Florentin
25 M S. Crépin
26 M S. Dimitri
27 J Sᵉ Emeline
28 V SS. Sim., Jude
29 S S. Narcisse
30 D S. Bienvenue
31 L S. Quentin

NOVEMBRE — ☉ 6 h 39 à 16 h 29
1 M TOUSSAINT
2 M Défunts
3 J S. Hubert
4 V S. Charles
5 S Sᵉ Sylvie
6 D Sᵉ Bertille
7 L Sᵉ Carine
8 M S. Geoffroy
9 M S. Théodore
10 J S. Léon
11 V ARMISTICE 1918
12 S S. Christian
13 D S. Brice
14 L S. Sidoine
15 M S. Albert
16 M Sᵉ Marguer.
17 J Sᵉ Élisabeth
18 V Sᵉ Aude
19 S S. Tanguy
20 D S. Edmond
21 L Prés. Marie
22 M Sᵉ Cécile
23 M S. Clément
24 J Sᵉ Flora
25 V Sᵉ Catherine L.
26 S Sᵉ Delphine
27 D Avent
28 L S. Jacq.d.l.M.
29 M S. Saturnin
30 M S. André

DÉCEMBRE — ☉ 7 h 24 à 15 h 55
1 J Sᵉ Florence
2 V Sᵉ Viviane
3 S S. Xavier
4 D Sᵉ Barbara
5 L S. Gérald
6 M S. Nicolas
7 M S. Ambroise
8 J Imm. Concept.
9 V S. P. Fourier
10 S S. Romaric
11 D S. Daniel
12 L Sᵉ Jeanne F.C.
13 M Sᵉ Lucie
14 M Sᵉ Odile
15 J Sᵉ Ninon
16 V Sᵉ Alice
17 S S. Gaël
18 D S. Gatien
19 L S. Urbain
20 M S. Abraham
21 M HIVER
22 J Sᵉ Fr.-Xavière
23 V S. Armand
24 S Sᵉ Adèle
25 D NOËL
26 L S. Étienne
27 M S. Jean
28 M SS. Innocents
29 J S. David
30 V S. Roger
31 S S. Sylvestre
Fonderie CASLON · Paris

1. Le Mardi-Gras est quel jour? _____

_____

2. Le printemps commence quel jour? _____

_____

3. Combien de jeudis est-ce qu'il y a au mois de mars? _____

_____

4. Pâques (*Easter*) est quel jour? _____

_____

5. Quelle est la date de la fête des Mères? _____

_____

6. Noël est quel jour de la semaine? _____

_____

7. L'automne commence quel jour? Et l'hiver? _____

_____

8. Quelle est la date de la Fête nationale? _____

_____

B. **La France pour les touristes.** Traduisez les phrases suivantes.

1. Tourists take trips to France in the summer. _____

_____

2. They close museums on Tuesdays. _____

3. In August, the French go on vacation. _____

_____

4. Last winter, it was cold. _____

5. Stores are open Sunday morning. _____

_____

6. Children have a vacation in February. _____

_____

C. **La femme en France.** Ecrivez les dates des lois importantes concernant les droits des femmes en France. Attention: en français dans l'abréviation d'une date, le jour vient avant le mois.

1. Autorise les femmes dentistes et médecins: 30-11-1842. _____

   _____

2. Permet les comptes en banque pour les femmes: 09-04-1881. _____

   _____

3. Divorce possible: 27-07-1884. _____

   _____

4. Abolition de l'incapacité de la femme mariée: 18-02-1938. _____

   _____

5. Autorise le vote des femmes: 21-04-1944. _____

   _____

6. Elimine la discrimination dans la vie professionnelle: 13-07-1983. _____

   _____

D. Vérifiez votre connaissance du calendrier en répondant aux questions suivantes.

1. Quel jour est-ce qu'on joue au football américain au lycée? à l'université? au football américain

   professionnel? _____

   _____

   _____

2. Quand est-ce qu'on joue au basket-ball? au base-ball? _____

   _____

   _____

3. Quel jour est-ce qu'on vote aux Etats-Unis? en France? _____

   _____

   _____

4. Quand est Noël? la Saint-Valentin? la fête de l'Armistice? _____

_____

_____

III. INDIRECT OBJECT PRONOUNS: THIRD PERSON

A. **Préparons un repas.** Répondez aux questions suivantes en employant les mots entre parenthèses et des pronoms compléments d'objet indirect.

1. Vous demandez à l'agent où est le parking? (Non,... le marché) _____

_____

2. Quels légumes allez-vous rapporter à votre mère? (... épinards... asperges) _____

_____

3. Qu'est-ce qu'elle va donner à ses amis comme viande? (... rôti de porc) _____

_____

4. Est-ce qu'elle va acheter des bonbons aux enfants? (Non,... des fraises) _____

_____

5. Est-ce qu'on va servir du vin aux enfants? (Non,... jus de raisin) _____

_____

6. Vous allez rendre la clé de la voiture à votre mère? (Non,... l'argent) _____

_____

B. **Le parapluie ou l'imperméable?** Ajoutez **le** ou **lui** aux phrases suivantes.

1. Je _____ donne votre parapluie?

2. Non, donnez _____ à ma sœur.

3. Je ne _____ trouve pas.

4. Je vais _____ prêter mon imperméable.

5. Non, elle ne va pas _____ porter.

6. Ses enfants _____ ressemblent.

C. **Jacques et son père.** Complétez les questions suivantes avec les verbes entre parenthèses. Ensuite, donnez une réponse en employant les mots entre parenthèses et un pronom.

1. Jacques (désobéir) _____ à son père? (Oui,...) _____

   _____

2. Hier soir, ils (regarder) _____ la télévision? (Non,...) _____

   _____

3. Est-ce qu'ils (écouter) _____ la radio? (Non,...) _____

   _____

4. Ils (téléphoner) _____ souvent à leurs cousins? (Non, ne... jamais) _____

   _____

5. Jacques (parler) _____ à son père de ses cours? (Oui,...) _____

   _____

6. Il va lui (montrer) _____ son examen? (Non,... déjà) _____

IV. PRENDRE

A. **Nos cours.** Refaites les phrases suivantes selon les indications entre parenthèses.

1. Cette leçon est difficile. Je ne la comprends pas. (*passé composé*) _____

   _____

2. Comprenez-vous le russe? (... tu...) _____

   _____

3. Pourquoi choisissent-ils ces livres? (... prendre...) _____

   _____

4. Où a-t-elle trouvé cela? (... apprendre...) _____

   _____

5. Je l'ai apprise hier. (... demain) _____

_____

6. Il prend de bonnes notes dans son cours de socio. (Nous...) _____

_____

B. **Mon prof de français.** Faites des phrases complètes avec les mots donnés.

1. Il / prendre / fraises / petit déjeuner _____

_____

2. Est-ce que / vous / comprendre / son / anglais? _____

_____

3. Vous / prendre / pâté / ou saucisson? _____

4. Le soir / il / apprendre / espagnol / agents de police _____

_____

5. Il / aller / prendre / avion / pour rentrer chez lui _____

_____

6. Il / ne... pas / comprendre / mon / dernier / examen _____

_____

C. **Quelle langue?** Le français n'est pas la seule langue parlée en France! Il y a plusieurs (*several*) langues régionales. Trouvez la langue dans la colonne de droite qui correspond à chaque région de la colonne de gauche. Employez le verbe **comprendre.**

1. En Bretagne, les gens...   a. corse

2. En Catalogne française, on...   b. alsacien

3. Les Strasbourgeois...   c. occitan

4. A Marseille, on...   d. catalan

5. En Corse, ils...   e. breton

6. Dans les Pyrénées sur la côte Atlantique, on...   f. basque

1. _____

2. _____

3. _____

4. _____

5. _____

6. _____

D. Racontez (*Tell about*) une journée typique.

Je prends...   petit déjeuner / livres / autobus /
Je ne prends pas...   la rue... pour aller... / déjeuner / dîner / ...

_____

_____

_____

_____

_____

_____

90

Name _____ Section _____ Date _____

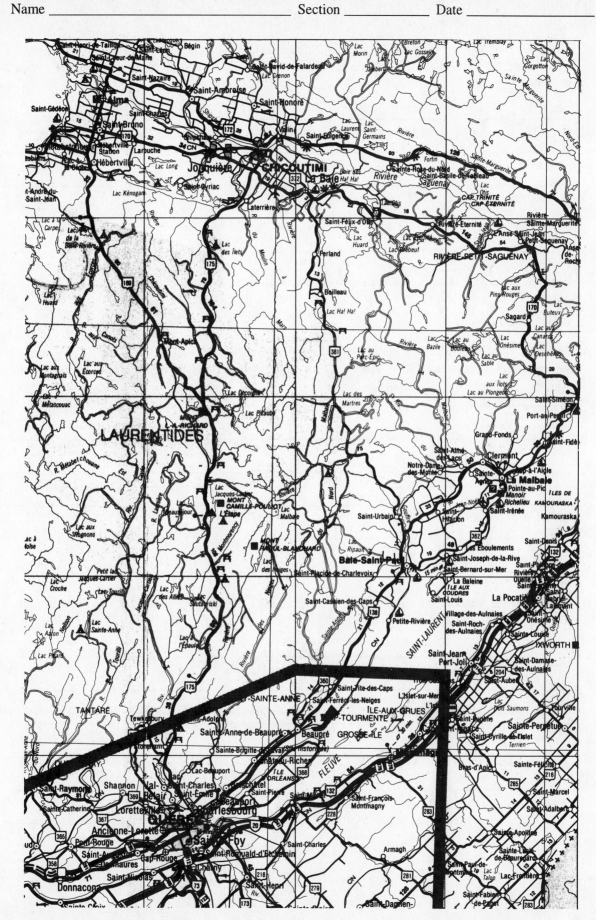

E. Vous êtes au Québec. Vous voulez aller de Montréal à Chicoutimi en auto. Préparez votre itinéraire avec l'aide de la carte de l'Office du Tourisme du Canada. Mentionnez le numéro des routes à prendre.

_____

_____

_____

_____

_____

_____

ECRIVONS

A. Racontez le plus long (*longest*) voyage de votre vie. Où êtes-vous allé(e) et quels transports avez-vous pris? Qui êtes-vous allé(e) voir? Qu'est-ce que vous avez visité ensemble?

_____

_____

_____

_____

_____

_____

B. Qu'est-ce que vous avez emprunté récemment? A qui? L'avez-vous rendu? Avez-vous emprunté quelque chose que (*that*) vous avez perdu?

_____

_____

_____

_____

_____

_____

Name _____ Section _____ Date _____

C. Composez un menu spécial que vous allez demander pour votre anniversaire.

_____

_____

_____

_____

_____

_____

REVISION C

Chapitres 7 à 9

A. Complétez les phrases suivantes avec des mots de la liste donnée. Ajoutez les articles nécessaires.

prêter	plat	répondeur	lecteur de disques compacts
orage	ciel	pendant	timbre

1. Il ne veut pas _____ sa voiture à ses enfants.

2. Si je ne suis pas à la maison, laissez un message sur mon _____.

3. Si tu veux expédier cette lettre, il faut acheter _____.

4. Nous dormons _____ le cours de philosophie.

5. Les enfants ne peuvent pas sortir parce qu'il fait _____.

6. Je ne veux pas emprunter votre CD parce que je n'ai pas de _____.

7. _____ est couvert; il va pleuvoir.

8. Le gigot est mon _____ préféré.

B. Trouvez les mots pour les définitions suivantes.

1. Elle prévoit le temps. _____

2. Plat préféré au Japon _____

3. Une petite radio _____

4. La philosophie, la physique, la géographie _____

5. Un fruit de mer _____

6. La science des ordinateurs _____

7. Où on expédie un colis _____

8. Le premier repas le matin _____

C. Quelle(s) langue(s) est-ce qu'on parle dans les villes suivantes?

1. Rome _____

2. Moscou _____

3. Athènes _____

4. Québec _____

5. Londres _____

6. Mexico _____

7. Tunis _____

8. Berlin _____

D. Trouvez le nom des matières en complétant les mots suivants.

1. P ____ ____ C ____ ____ L ____ ____ ____ ____ ____

2. ____ ____ T ____ ____ ____ A ____ ____ ____ ____ E ____

3. ____ R ____ ____ ____ ____ I ____

4. ____ ____ T ____ R ____ ____ O ____ ____ ____ ____ E

5. D ____ ____ ____ ____

6. ____ ____ U ____ ____ A ____ ____ S ____ ____

7. ____ ____ Y ____ ____ ____ U ____

8. ____ O ____ ____ O ____ O ____ ____ ____

E. Dans les listes de mots suivants, un mot ne va pas avec les autres. Rayez-le (*Cross it out*).

1. petits pois	haricots verts	pommes de terre	poisson
2. marché	hors-d'œuvre	fruit	viande
3. météo	chaleur	portefeuille	pluie
4. répondeur	mandat	Walkman	imprimante
5. tonnerre	éclair	nuage	logiciel
6. veau	jambon	poire	poulet

Name _____ Section _____ Date _____

F. Complétez les phrases suivantes avec un mot interrogatif (adjectif, pronom, adverbe).

1. _____ vous allez visiter cet été?

2. _____ matières aimes-tu mieux?

3. _____ les Marchand vont inviter?

4. _____ vont-ils de Paris à Madrid?

5. _____ a compris la leçon?

6. _____ est-il parti?

7. _____ tu cherches?

8. _____ reste dans la valise?

G. Ecrivez un dialogue pour le dessin suivant.

_____

_____

_____

_____

_____

_____

Chapitre 10

EN VOITURE

I. SAVOIR AND CONNAITRE

A. **Trouvez son identité.** Complétez chaque phrase avec la forme correcte du verbe donné.

1. Elle _____ (connaître) notre famille.

2. L'été dernier, elle _____ (connaître) ton frère.

3. Tous ses amis _____ (savoir) danser.

4. Hier soir, je ne l'_____ pas _____ (reconnaître).

5. Nous _____ (ne... pas savoir) son âge.

6. Mais tu _____ (savoir) où elle est née.

7. On l'_____ (connaître) au musée d'Orsay.

8. Maintenant, _____-tu (savoir) qui c'est?

B. **Et votre nouveau copain?** Complétez les phrases suivantes avec la forme correcte de **savoir** ou de **connaître,** selon le cas.

1. Je _____ où il travaille.

2. _____-vous son âge?

3. Est-ce que tu _____ son numéro de téléphone?

4. _____-vous s'il a eu son bac?

5. Est-ce que ton frère _____ où il va à l'université?

6. Je ne _____ pas si mes parents vont l'aimer.

7. Ma sœur _____ bien ses deux sœurs.

8. Nous ne _____ pas sa famille depuis longtemps.

C. **Un(e) camarade de cours.** Ecrivez cinq phrases avec **savoir** ou **connaître** pour décrire un(e) camarade de cours.

MODÈLE: *Je connais ses habitudes.*
Je sais qu'il est sympathique.

1. _____

   _____

2. _____

   _____

3. _____

   _____

4. _____

   _____

5. _____

   _____

II. LE PASSE COMPOSE (Review)

A. **Madame Blon est rentrée.** Complétez chaque phrase avec la forme correcte du passé composé du verbe donné.

1. Est-ce que vous _____ (monter) voir Madame Blon lundi dernier?

2. Oui, elle _____ (rentrer) à minuit dimanche soir.

3. Il _____ (pleuvoir) beaucoup ce soir.

4. Heureusement, elle _____ (ne... pas tomber).

5. Ses enfants _____ (partir) en vacances avec elle le week-end dernier.

6. Ils _____ (pouvoir) aller au Canada sans passeport?

7. Oui, ils _____ (naître) aux Etats-Unis.

8. Combien de jours est-ce qu'ils _____ (passer) à Ottawa?

Name _____ Section _____ Date _____

B. **En voiture.** Formez des phrases complètes avec les mots donnés.

1. Ils / rentrer / minuit / hier / soir _____

_____

2. Je / laisser / clés / dans / imper _____

_____

3. Marc / prendre / mon / voiture _____

4. Vous / rentrer / seul? _____

5. Oui, Pierre / descendre / déjà _____

6. Nous / passer / six heures / en voiture _____

_____

C. Formez des phrases complètes au passé composé en utilisant un élément de chaque colonne (*each column*).

Je	travailler	tous les soirs
Nous	partir	le week-end dernier
Vous	sortir	avec des amis
Mes amis	attendre	à trois heures du matin
Mes parents	arriver	l'été dernier
Mon frère	rentrer	pendant deux heures
Ma sœur	chanter	sans ses parents
Tu	dormir	en retard

1. _____

2. _____

3. _____

4. _____

5. _____

6. _____

7. _____

8. _____

D. **Marie-Anne et François.** Les illustrations suivantes montrent les activités de Marie-Anne et de François Marchand samedi dernier. Qu'est-ce qu'ils ont fait? Ecrivez un paragraphe.

_____

_____

_____

_____

_____

_____

_____

_____

III. THE IMPERFECT

A. **Ma promenade hier.** Faites des phrases avec les mots donnés en employant l'imparfait pour les conditions et le passé composé pour les événements (*events*).

1. Hier / il / faire beau / et / je / faire / promenade / parc _____

_____

2. Il / y / avoir / café / charmant; beaucoup de gens / parler _____

_____

3. Je / entrer / dans / café / et / je / demander / coca _____

_____

4. Le garçon / ne... pas / parler / français / et / il / ne... pas / comprendre _____

_____

5. Je / sortir / café / et / je / continuer / promenade _____

_____

6. Je / arriver / devant / mon / maison; il / être / six heures _____

_____

B. **Des interruptions.** Quelles interruptions avez-vous eues récemment? Choisissez une expression dans chaque colonne et écrivez cinq phrases.

Activités	**Interruptions**
faire mes devoirs	téléphone / sonner
faire la lessive	ami / arriver
dîner	cousine / arriver
parler avec mon petit ami / ma petite amie	faire de l'orage
dormir	mon petit frère / entrer
regarder un bon film à la télévision	mes parents / rentrer
écouter de la musique classique	avoir un accident
???	???

1. _____

_____

2. _____

_____

3. _____

_____

4. _____

_____

5. _____

_____

C. **Une soirée ennuyeuse.** Dans le paragraphe suivant, mettez les verbes au passé composé ou à l'imparfait selon le cas.

Hier, nous _____ (aller) au cinéma. Nous _____ (vouloir) voir le nouveau

film de Lelouch mais nous _____ (ne... pas entrer) parce que nous _____

(ne... pas avoir) d'argent. Alors, puisqu'il _____ (faire) beau, nous _____

(partir). Pierre _____ (choisir) un café où nous _____ (prendre) une bière.

Jacqueline et Monique _____ (arriver) mais elles _____ (ne... pas rester)

longtemps parce qu'elles _____ (être) fatiguées. Nous _____ (rentrer)

avant minuit.

IV. VENIR / VERBS CONJUGATED LIKE VENIR / VENIR DE + *INFINITIVE*

A. **La visite de mes parents.** Formez des phrases complètes avec les mots donnés.

1. Mon / parents / venir / arriver _____

2. Ils / venir / en train _____

3. Ils / tenir / voir / mon / sœur _____

4. Elle / obtenir / bon / notes / ce / année _____

_____

5. Elle / aller / devenir / médecin _____

6. Ce / livres / lui / appartenir _____

B. **Des Français d'adoption.** Complétez les phrases suivantes avec la forme appropriée d'un verbe conjugué (*conjugated*) comme **venir.**

1. A qui _____ ce passeport?

2. Il est à ma femme; elle l'_____ le mois dernier.

3. Il _____ une belle photo.

4. Oui, elle _____ de sa mère.

5. Vous _____ en France tous les ans?

6. Nous _____ à faire ce voyage au printemps.

7. Vous _____ de vrais Français!

8. Nous _____ parce que nous aimons la France.

C. **Qu'est-ce qui vient d'arriver?** Employez l'expression **venir de** pour décrire la situation suivante.

MODÈLE: *Il vient d'arriver.*

1. Mon cousin _____

2. Elle _____

3. Mes parents _____

4. Ils _____

5. Le touriste _____

6. Le garçon _____

ECRIVONS

A. Qu'est-ce que vous avez fait hier? Pour composer le paragraphe, vous pouvez utiliser les questions suivantes.

Où êtes-vous allé(e) hier? Qu'est-ce que vous avez fait? Est-ce qu'il faisait beau? Est-ce que vous teniez à faire cela? Avec qui êtes-vous sorti(e)? Etait-il / elle sympathique? Qu'est-ce que vous avez choisi de faire après? A quelle heure êtes-vous rentré(e)s? Qui est-ce qui attendait à la maison? Que voulait-il / elle faire?

_____

_____

_____

_____

_____

B. Racontez des vacances inoubliables (*unforgettable*). Utilisez les possibilités données ou vos propres idées.

aller à...
partir avec...
rester à l'hôtel / avec des amis
passer une semaine / un mois
visiter...
aller voir...

sortir tous les soirs
dormir jusqu'à... heures
manger des / du...
faire des promenades / la grasse matinée
rentrer content(e) / fatigué(e) / sans argent

_____

_____

_____

_____

_____

C. Racontez une histoire (*story*), par exemple quand vous êtes arrivé(e) à l'université ou quand vous avez connu votre petit(e) ami(e).

_____

_____

_____

_____

_____

_____

D. Qui connaissez-vous bien? Qu'est-ce que vous savez de lui / d'elle?

_____

_____

_____

_____

_____

_____

_____

_____

Chapitre 11

LA TELE

I. DIRECT AND INDIRECT OBJECT PRONOUNS: FIRST AND SECOND PERSONS

A. Regardons mes photos des Etats-Unis. Refaites chaque phrase en ajoutant le pronom entre parenthèses.

1. Il montre sa maison. (nous) _____

2. Elle n'a pas regardé quand j'ai pris la photo. (me) _____

_____

3. Je vais emprunter cette photo. (te) _____

_____

4. Ne regarde pas comme cela. (nous) _____

5. Prêtez vos lunettes. (me) _____

6. Ils ont tout appris sur les Etats-Unis. (nous) _____

_____

B. Au téléphone. Répondez aux questions suivantes en employant les mots entre parenthèses.

1. Est-ce que Véronique t'a téléphoné? (Oui,...) _____

_____

2. Est-ce qu'elle t'a invité au concert? (Non,...) _____

_____

3. Va-t-elle m'inviter, moi? (Non,...) _____

_____

4. Est-ce qu'elle t'a expliqué pourquoi? (Non,...) _____

_____

5. Elle ne nous aime pas? (Si,...) _____

_____

6. Pourquoi est-ce qu'elle t'a téléphoné si elle ne voulait pas nous inviter? (Elle... parce qu'elle

est malheureuse.) _____

_____

C. **Vos parents vous téléphonent.** Comment allez-vous répondre à des questions typiques?

1. Où étais-tu quand nous t'avons parlé la semaine dernière? _____

_____

2. Pourquoi est-ce que tu ne nous téléphones jamais? _____

_____

3. Tu vas expédier une carte à ton frère? _____

_____

4. Quand est-ce que tu vas venir nous voir? _____

_____

5. Est-ce qu'il est nécessaire de t'expédier un mandat? _____

_____

6. Tes amis t'invitent souvent au restaurant? _____

_____

7. Est-ce que nous pouvons te rendre visite à l'université? _____

_____

8. Avec qui sors-tu? _____

110

II. THE SUBJUNCTIVE OF REGULAR VERBS AND OF **AVOIR** AND **ETRE**

A. **La famille.** Complétez chaque phrase avec le subjonctif du verbe donné.

1. Il ne faut pas que je _____ à mes parents. (désobéir)

2. Vos parents ne veulent pas que vous _____ tous les soirs. (sortir)

3. Ta mère veut que tu _____ sûr de choisir une bonne profession. (être)

4. Votre père désire que vous _____ beaucoup. (étudier)

5. Mes parents sont désolés que je n'_____ pas d'argent. (avoir)

6. Ma sœur doute que nous lui _____. (téléphoner)

7. Faut-il que vous _____ cette année? (finir)

8. Je voudrais que ma famille _____ plus de patience! (avoir)

B. **L'argent ne fait pas le bonheur.** Dans les phrases suivantes, remplacez les mots en italique par les mots entre parenthèses.

1. *Nous* aimons mieux que *vous* ne soyez pas riches. (Elle... tu...) _____

_____

2. *Nous* voulons que tu *connaisses* beaucoup de gens. (Je... inviter...) _____

_____

3. *Papa* n'est pas content que nous *habitions* ici. (Vous... être...) _____

_____

4. *Ils* désirent que *tu* n'oublies pas les gens pauvres. (Nous... elles...) _____

_____

5. *Ils* veulent que *j'aie* un emploi intéressant. (Votre mère... vous...) _____

_____

6. *Désirez*-vous que je vous *prête* de l'argent? (Vouloir... donner...) _____

_____

C. **Quelles sont vos opinions?** Complétez les phrases suivantes avec une des trois expressions données, selon votre situation. Employez le subjonctif.

1. Je ne pense pas que mes parents veuillent que je _____.

   travailler pour eux / dépenser tout mon argent / réussir dans la vie

2. Il faut que les étudiants _____.

   travailler tout le temps / sortir souvent / dormir très tard

3. Je regrette que les professeurs _____.

   être trop désagréables / être trop ennuyeux / être souvent à l'heure

4. Mes amis désirent que nous _____.

   fréquenter des boîtes de nuit / manger dans de bons restaurants / étudier ensemble

5. Je veux que mon / ma petit(e) ami(e) _____.

   avoir beaucoup de temps libre / sortir souvent avec moi / gagner beaucoup d'argent

6. Moi, j'aime mieux que mes amis _____.

   être sincères / être patients / être riches

III. USES OF THE SUBJUNCTIVE

A. **Nos amis.** Complétez chaque phrase avec l'indicatif ou le subjonctif.

1. Je regrette que mes amis ne _____ pas ici. (être)

2. Nous sommes sûres qu'elles _____ du talent. (avoir)

3. Mon camarade de chambre a peur que je _____ sans lui. (sortir)

4. Elle ne pense pas que vous l'_____ dimanche. (inviter)

5. Il est certain qu'il _____ raison. (avoir)

6. Il est temps que vous _____ à votre mère. (téléphoner)

7. Il est probable qu'elle ne _____ pas. (descendre)

8. Je sais que vous n'_____ pas l'importance du bonheur. (oublier)

B. **Mes voisins.** Refaites les phrases suivantes selon le modèle.

MODÈLE: Je veux être poli. (mes voisins)
          Je veux que mes voisins soient polis.

1. Je ne pense pas sortir souvent. (mes voisins) _____

   _____

2. Nous pensons inviter des amis. (mes voisins) _____

   _____

3. Nous n'aimons pas dormir ici. (ils) _____

   _____

4. Ils ont peur de téléphoner après dix heures. (je) _____

   _____

5. Il faut être sympathique. (mes voisins) _____

   _____

6. Nous désirons réussir dans la vie. (ils) _____

   _____

C. **Qu'est-ce qui vous rend heureux (-euse) / triste?** Employez **heureux (-euse) / triste de** pour parler de vous-même et **heureux (-euse) / triste que** si vous ne parlez pas de vous. Faites douze phrases originales selon le modèle.

MODÈLE: *Je suis heureux que les cours finissent bientôt.*
          Je suis triste d'arriver toujours en retard.

Je suis heureux (-euse)...

1. _____

2. _____

3. _____

4. _____

5. _____

6. _____

Je suis triste...

1. _____
2. _____
3. _____
4. _____
5. _____
6. _____

ECRIVONS

A. Répondez aux questions suivantes pour écrire (*write*) un paragraphe.

Qu'est-ce qu'il faut que vous étudiiez pour demain? Est-il possible que vous ayez un examen dans ce cours? Avez-vous peur que l'examen soit difficile? Est-ce qu'il vaut mieux que vous soyez en cours à l'heure? Qui va vous aider (*help*) avec vos devoirs? Est-il probable que vous réussissiez à l'examen? Après le cours, est-ce que vos amis vont vous voir ou aimez-vous mieux leur téléphoner? Se peut-il qu'ils vous invitent chez eux? Pensez-vous qu'ils aient un dîner? Voulez-vous aller chez eux ou est-il préférable que vous restiez à la maison pour étudier?

_____

_____

_____

_____

_____

_____

_____

_____

114

B. **La télé.** Regardez-vous souvent la télévision? Pourquoi ou pourquoi pas? Quelles sont les émissions que vous aimez et que vous détestez?

_____

_____

_____

_____

_____

_____

_____

_____

C. Est-ce que la vie vous semble juste? Etes-vous surpris(e) de voir certaines choses? Par exemple, êtes-vous surpris(e) que beaucoup d'Américains aient faim? Qu'est-ce qui vous rend furieux (-euse) dans la vie?

_____

_____

_____

_____

_____

_____

_____

_____

_____

3. Il pense que tu _____ avec moi. (venir)

4. Ils sont sûrs que nous _____ partir demain. (pouvoir)

5. Nous doutons qu'il _____ là-bas. (pleuvoir)

6. Il est possible que je _____ revenir dans trois jours. (devoir)

7. Etes-vous désolé que Marc ne _____ pas nous suivre? (vouloir)

8. Je pense que vous _____ du beau temps. (avoir)

B. **Faisons des courses.** Faites des phrases complètes avec les mots donnés.

1. Il / falloir / que / vous / faire / courses _____

_____

2. Vouloir / vous / que / nous / prendre / pâté? _____

_____

3. Je / regretter / que / marchande / ne... pas / nous / voir _____

_____

4. Il / être / certain / que / nous / aller / boulangerie / aussi _____

_____

5. Je / penser / que / ils / vouloir / café / après / promenade _____

_____

6. Il vaut mieux / que / on / aller / dans une brasserie _____

_____

7. Elle / être / sûr / que / vous / pouvoir / trouver / choucroute _____

_____

8. Il / falloir / que / je / prendre / autobus / pour / rentrer _____

_____

C. Faites les prévisions de la météo en utilisant des éléments dans les quatre colonnes.

Cet après-midi	il est possible		faire beau / mauvais
Ce soir	il est probable		faire chaud / froid
Demain	je doute	que	faire du vent / du soleil
Ce week-end	il est certain		pleuvoir
	je pense		neiger
	je ne pense pas		

1. _____

2. _____

3. _____

4. _____

III. NEGATIVES

A. **Prenons un verre.** Répondez négativement aux questions suivantes.

1. Qu'est-ce que tu as vu ce matin au centre-ville? _____

_____

2. Est-ce que vous avez encore soif? _____

_____

3. Vous voulez manger quelque chose? _____

_____

4. Qui avez-vous rencontré au café? _____

_____

5. Venez-vous souvent à cette brasserie? _____

_____

6. Vous voulez payer nos deux boissons? _____

_____

120

B. **Comment expliquez-vous cela?** Répondez aux questions suivantes d'après les indications données.

1. Il y avait quelque chose sur la table, et maintenant? (ne... rien) _____

   _____

2. Quelqu'un descend? (Non, personne) _____

   _____

3. Il y avait du vin dans la bouteille, et maintenant? (ne... plus) _____

   _____

4. Il y avait trois livres sur le bureau, et maintenant? (ne... que deux...) _____

   _____

5. Qui voyez-vous dans la voiture? (ne... personne) _____

   _____

6. Pierre a deux valises, et Paul? (ne... qu'une...) _____

   _____

C. **Vos qualités.** Voici des qualités personnelles. Dites (*Tell*) si vous êtes toujours (*still*) comme cela, si vous n'êtes plus comme cela, ou si vous n'avez jamais été comme cela.

1. sincère _____

2. méchant(e) _____

3. riche _____

4. intelligent(e) _____

5. beau / belle _____

6. jeune _____

ECRIVONS

A. **Vos projets.** Pour répondre aux questions suivantes, écrivez un paragraphe. Utilisez aussi des expressions comme **il faut que / il est possible que / il est probable que / je ne veux pas / j'ai envie / je doute / je pense.**

Qu'est-ce que vous devez faire aujourd'hui? cet après-midi? ce soir? demain?

_____

_____

_____

_____

_____

_____

_____

_____

B. **On fait des provisions.** Un samedi, vous faites vos courses chez les commerçants près de chez vous. Dans quelles boutiques allez-vous?

Qu'est-ce que vous achetez? Combien payez-vous? Qu'est-ce que vous n'achetez jamais? Pourquoi?

_____

_____

_____

_____

_____

_____

_____

122

Name _____ Section _____ Date _____

C. **Vos dépenses.** Quand avez-vous gaspillé (*wasted*) de l'argent? Racontez l'incident.

_____

_____

_____

_____

_____

_____

REVISION D

Chapitres 10 à 12

A. Trouvez les mots qui complètent les phrases suivantes.

1. Quand vous payez pour emprunter quelque chose vous le _____.

2. Quand on n'a pas d'argent, on peut régler avec _____.

3. Quand vous avez quelque chose, cela vous _____.

4. Quand une personne vous donne quelque chose, vous le _____.

5. Pour acheter du jambon, il faut aller dans une _____.

6. Un marchand de tabac, de timbres, est un _____.

7. Pour trouver quelque chose dans un grand magasin, on parle avec _____.

8. Pour acheter des crevettes, on va dans _____.

B. Trouvez le contraire des mots en italique.

1. Je ne sais pas *la question.* _____

2. Je *regrette* que vous ne veniez pas. _____

3. Nous buvons *toujours* du vin blanc. _____

4. Sa voiture *marche bien.* _____

5. *Beaucoup de gens* vont au supermarché le dimanche. _____

6. *Il se peut* que nos amis partent bientôt. _____

7. Il *se peut* que nous allions en Europe. _____

8. Ils *ne* connaissent *personne* ici. _____

C. Ecrivez une phrase complète pour illustrer les mots suivants.

1. tenir à _____

2. régler _____

3. contenir _____

4. consulter _____

5. ne... plus _____

6. falloir _____

7. devoir (meaning *to owe*) _____

8. avoir peur _____

D. Trouvez le commerçant ou le magasin où on peut acheter les choses suivantes.

_____ 1. un rosbif   a. le buraliste

_____ 2. des œufs   b. la papeterie

_____ 3. une truite   c. la boulangerie

_____ 4. un gâteau   d. la crémerie

_____ 5. un stylo   e. la pâtisserie

_____ 6. une télécarte   f. la boucherie

_____ 7. du pain   g. la charcuterie

_____ 8. une côtelette de porc   h. la poissonnerie

Chapitre 13

LA SANTE

I. STEM-CHANGING VERBS

A. **Faisons connaissance!** Complétez les phrases suivantes avec les verbes donnés.

répéter	inquiéter	enlever	promener	posséder
sécher	appeler	acheter	préférer	espérer

1. Comment vous _____-vous?

2. Vous aimez la musique classique? Nous, nous _____ le jazz.

3. Est-ce que vos parents ont loué votre maison ou est-ce qu'ils l'_____?

4. Marc, _____ tes chaussures!

5. Vous _____ souvent vos enfants?

6. Mon frère n'_____ jamais _____ de cours et il a toujours obtenu de

bonnes notes.

7. _____-vous de bons disques?

8. J'_____ qu'il va faire beau; j'ai envie de faire une promenade.

9. La lettre d'Isabelle m'_____. Elle semble très triste.

10. Elle _____ toujours la même chose.

B. **A mon tour de poser des questions!** Répondez aux questions suivantes avec des phrases complètes.

1. Où achetez-vous vos vêtements? _____

_____

2. Préférez-vous du coca ou de l'eau pour dîner? _____

_____

3. Comment s'appelle votre père? _____

_____

4. Qu'est-ce que vous possédez de très cher? _____

_____

5. Ça vous embête quand les gens répètent les questions? _____

_____

6. Qu'est-ce que vous espérez faire dans la vie? _____

_____

7. Est-ce que l'avenir vous inquiète? Pourquoi ou pourquoi pas? _____

_____

C. **Les excuses.** Vous avez séché votre cours de français vendredi dernier. Ecrivez un paragraphe à votre professeur. Commencez votre paragraphe avec **«J'étais absent(e) parce que... »** et choisissez vos excuses dans la liste suivante.

ne pas posséder de voiture
appeler un taxi... ne pas arriver à temps
préférer aller à l'église
acheter un disque pour apprendre le français
police... enlever ma bicyclette
ne pas vouloir inquiéter mes parents parce que... étudier trop
répéter la leçon chez moi
espérer... vous... ne pas venir en cours
lever la main trop souvent... avoir mal au bras maintenant
avoir une maladie grave

_____

_____

_____

_____

_____

_____

_____

_____

_____

128

Name _____ Section _____ Date _____

II. REFLEXIVE VERBS: PRESENT TENSE, **FUTUR PROCHE**, AND THE INFINITIVE

A. **Connaissez-vous la géographie?** Où se trouvent les villes suivantes?

MODÈLE: Paris *Paris se trouve en France.*

1. Milan _____

2. Lisbonne _____

3. Trois-Rivières _____

4. Rio et Brasilia _____

5. Dakar _____

6. Casablanca _____

B. **Un nouvel étudiant.** Refaites les phrases suivantes selon les indications données.

1. Il se promène souvent? (Je...) _____

_____

2. Il se réveille tôt mais il ne se lève pas. (Nous...) _____

_____

3. Il se repose le week-end. (Demain...) _____

_____

4. Est-ce qu'il veut de l'argent pour s'amuser? (Vous...) _____

_____

5. Il se déshabille avant de dîner? (... pouvoir...) _____

_____

6. Il aime se détendre l'après-midi. (Je...) _____

_____

7. Tu vas te rappeler son nom demain? (... maintenant?) _____

_____

8. Ce soir, il doit se coucher de bonne heure. (Il faut que...) _____

_____

C. **Qu'est-ce qui ne va pas?** Complétez les phrases suivantes avec un des verbes réfléchis donnés.

se promener   se déshabiller   se coucher   s'endormir
se rappeler   se dépêcher   s'inquiéter   se trouver

1. Vous avez l'air fatigué. A quelle heure _____ en général?

2. Où _____ votre bureau? Est-ce loin?

3. J'ai besoin de vous examiner. Vous pouvez _____?

4. Vous _____ pendant les repas; ce n'est pas normal.

5. Vous ne _____ pas si vous avez de la fièvre le matin?

6. Si je ne _____ pas, la pharmacie va être fermée.

7. Ne _____ pas. Votre père est en retard mais il va arriver bientôt.

8. Essayez de _____ avant de vous coucher.

D. **Chez le psychiatre** (*psychiatrist*). Vous êtes psychiatre et vous posez des questions à un patient. Formez des questions avec les mots donnés. Employez l'inversion.

1. Vous / s'appeler / Napoléon? _____

2. Vous / se rappeler / votre nom? _____

3. Pourquoi / vous / se déshabiller / dans / rue? _____

_____

4. Il / être / essentiel / vous / se laver / toutes les quinze minutes? _____

_____

5. Où / nous / se trouver / maintenant? _____

_____

6. De quoi / vous / s'inquiéter / souvent? _____

_____

III. REFLEXIVE VERBS: **PASSE COMPOSE** AND IMPERATIVE

A. **Françoise au travail.** Mettez les phrases suivantes au passé composé.

1. Françoise ne se dépêche pas pour aller au travail. _____

_____

2. Elle ne se lève pas avant sept heures. _____

_____

3. Elle s'habille dans sa chambre. _____

_____

4. Elle s'endort devant son petit déjeuner. _____

_____

5. Elle s'amuse trop le soir. _____

_____

6. Nous nous inquiétons pour rien. _____

_____

B. **Une journée à la plage.** Traduisez les phrases suivantes.

1. On weekends, we like to relax. _____

_____

2. Last weekend, we had to get up early. _____

_____

3. Let's have a good time at the beach! _____

_____

4. I got dressed quickly. _____

5. Hurry up, please. _____

6. You didn't remember the transistor radio. _____

_____

7. Don't get undressed on the beach! _____

_____

8. Where was your car located after your day at the beach? _____

_____

C. **Dimanche dernier chez les Chabert.** Ecrivez un paragraphe pour décrire l'illustration suivante.

_____

_____

_____

_____

_____

_____

ECRIVONS

A. **Ma journée.** Racontez votre journée d'hier. Employez des verbes comme **se réveiller, se lever, se laver, se dépêcher, s'amuser, se détendre, se coucher, avoir mal à,** etc.

_____

_____

_____

_____

_____

_____

_____

B. **Les conseils de vos parents.** Faites une liste de six conseils que vos parents vous donnent.

MODÈLE: *Ne t'amuse pas trop!*

_____

_____

_____

_____

_____

_____

C. **Interaction.** Ecrivez un dialogue entre un médecin et son / sa patient(e).

_____

_____

_____

_____

_____

_____

_____

D. **Soyez artiste.** Un extra-terrestre arrive dans votre ville. Voici sa description. Dessinez-le. (*Draw him.*)

Il a deux têtes. La tête de gauche a trois yeux mais la tête de droite n'a qu'un œil. Les deux têtes ont une oreille. Il a un gros cou. Il a trois dents dans la bouche. Il a aussi quatre jambes, mais il n'a qu'un bras. La bras a une main avec sept doigts. Ses pieds sont très grands. Il est très sympathique et il passe beaucoup de temps à écouter son Walkman.

Chapitre 14

LES SPORTS

I. -IRE VERBS

A. **Deux enfants se disputent** (*argue*). Refaites les phrases suivantes en employant les mots entre parenthèses.

1. Tu ne lis pas. (... sais...) _____

2. Tu ne dis jamais la vérité. (Ton frère et toi...) _____

_____

3. Ton père conduit une vieille voiture. (Tes parents...) _____

_____

4. Ne décris pas ta chambre, s'il te plaît. (... s'il vous plaît.) _____

_____

5. Ta sœur traduit tes devoirs en anglais. (Tes sœurs...) _____

_____

6. Le magasin de ton père ne produit rien. (... l'année dernière.) _____

_____

7. Il est certain que tu dis des mensonges. (Faut-il... ?) _____

_____

8. Toute ta famille se conduit comme des enfants. (Quand nous étions en vacances,...) _____

_____

B. *Les Misérables.* Complétez chaque phrase avec la forme appropriée d'un des verbes suivants.

dire   produire   traduire   écrire   lire   décrire

1. Victor Hugo _____ *Les Misérables.*

2. On l'_____ en beaucoup de langues.

3. Nous ne l'_____ pas _____ parce qu'il est trop long.

4. Sur Broadway, on _____ une comédie musicale basée sur le roman.

5. Cela _____ la vie d'un ancien prisonnier (*prisoner*).

6. Les critiques _____ que la pièce est excellente.

C. Que dit-on dans les situations suivantes? Ecrivez une phrase complète dans chaque situation.

MODÈLE: Quelqu'un vous sert l'apéritif.
          Quand quelqu'un me sert l'apéritif, je dis «A la tienne».

«Au revoir»   «Bonjour»
«Entrez»   «Ne t'inquiète pas»
«Bonne nuit»   «Merci»
«Allô»   «Dépêche-toi»

1. Quelqu'un arrive chez vous. _____

_____

2. Quelqu'un donne de l'argent à vos frères. _____

_____

3. Quelqu'un part de chez vos amis. _____

_____

4. Quelqu'un est chez vos parents et il va se coucher. _____

_____

5. Quelqu'un sonne à la porte de votre appartement. _____

_____

6. Quelqu'un téléphone chez ton copain. _____

_____

7. Quelqu'un est en retard pour un dîner chez vous. _____

_____

8. Quelqu'un a peur de passer un examen avec vos camarades et vous. _____

_____

II. DEMONSTRATIVE PRONOUNS

A. **Pierre et Lise attendent le métro.** Complétez chaque phrase avec la forme correcte du pronom démonstratif.

1. —Tu préfères l'école des Ouellette ou _____ de tes amis anglais?

2. —Tu regardes les émissions sportives de Radio Canada ou _____ de CBS?

3. —Ce soir, j'ai invité mes amies et _____ de ma sœur pour regarder un match de

   hockey.

4. —Tu vas servir cette bière-ci ou _____ -là?

5. —Voilà le métro! Je l'aime bien. _____ de Paris est moins agréable.

6. —Le métro de New York est plus dangereux que _____ de Montréal.

7. —Et quand tu voyages, tu prends les avions d'Air Canada ou _____ d'Air France?

8. —Les avions d'Air Canada, parce qu'ils montrent les films des Français et _____

   des Québécois.

B. **Lectures préférées.** Répondez aux questions suivantes en employant les mots entre parenthèses et des pronoms démonstratifs.

1. Aimez-vous les pièces de Racine? (... préférer... de Molière.) _____

_____

2. Vont-ils à la bibliothèque de l'université? (Non,... de la ville.) _____

_____

3. A-t-elle choisi ce livre-ci? (Non,... -là.) _____

_____

4. Que pensez-vous des poèmes de Frost? (... préférer... de Dickinson.) _____

_____

5. Tu veux lire cette revue-ci ou cette revue-là? (Donne... -là.) _____

_____

6. Connaissent-ils les contes de Maupassant? (Non,... de Poe.) _____

_____

C. **Qu'est-ce que vous préférez?** Indiquez vos préférences en utilisant des pronoms démonstratifs.

MODÈLE: jeans
Je préfère ceux de Calvin Klein.

1. chocolat _____

2. pizza _____

3. politique _____

4. vêtements _____

5. glace _____

6. équipe de base-ball _____

III. POSSESSIVE PRONOUNS

A. **Nos possessions.** Changez les phrases suivantes en utilisant des pronoms possessifs.

MODÈLE: Ce Walkman est à moi.
C'est le mien.

1. Ces bicyclettes sont à nous. _____

2. Ce maillot est à elle. _____

3. Ces skis sont à eux. _____

4. Cet argent est à toi? _____

5. Ce verre n'est pas à elle. _____

6. Ces journaux sont à vous? _____

7. Cette revue m'appartient. _____

8. Ces cartes sont celles de mes amis. _____

Name _____ Section _____ Date _____

B. **On a fait la lessive ensemble.** Répondez aux questions suivantes en employant des pronoms possessifs.

    MODÈLE: Ce jean t'appartient?
               Oui, c'est le mien.

   1. Est-ce que ce pantalon est à Louise? _____

   2. Ce sont vos chaussettes? _____

   3. Vous avez nos chemises ou celles de Robert? _____

   4. Est-ce qu'elle a leurs jupes ou celles de Marie? _____

       _____

   5. Parlez-vous de vos vêtements ou des nôtres? _____

       _____

   6. Tu as trouvé ton chemisier ou celui de Françoise? _____

       _____

C. Faites une comparaison entre votre pays et la France à propos (*about*) des choses suivantes.

    MODÈLE: les vins
               Les nôtres sont bons; les leurs sont magnifiques.

   1. les restaurants _____

       _____

   2. les voitures _____

       _____

   3. les universités _____

       _____

   4. les villes _____

       _____

   5. les fromages _____

       _____

   6. l'architecture _____

       _____

ECRIVONS

A. Répondez aux questions suivantes pour écrire un paragraphe.

Qu'est-ce que vous lisez? Aimez-vous les romans? Quels romans préférez-vous? Avez-vous déjà écrit des poèmes? Pour qui? Ecrivez-vous souvent des lettres? A qui? Préfère-t-il / elle vos lettres ou celles d'un(e) autre ami(e)? Qu'a-t-il / elle dit de vos lettres? Qui vous écrit le plus souvent? Pourquoi? Quelles lettres sont plus intéressantes, les vôtres?

_____

_____

_____

_____

_____

_____

_____

_____

B. Que pensez-vous du système métrique? Quand l'utilisez-vous? Préférez-vous notre système? Pourquoi?

_____

_____

_____

_____

_____

_____

140

Name _____ Section _____ Date _____

C. Décrivez votre vie sportive. Quels sports pratiquez-vous et quels sports ne voulez-vous pas pratiquer? Donnez vos raisons.

_____

_____

_____

_____

_____

_____

_____

_____

141

Chapitre 15

LES ARTS

I. VERBS FOLLOWED BY INFINITIVES

A. **Un débat de lecteurs.** Complétez ces opinions de lecteurs avec une préposition, s'il y a lieu (*if necessary*).

1. Je n'ai pas de mal _____ comprendre vos idées.

2. Nous n'avons pas pu _____ éviter _____ répondre à votre lettre sur

   la langue française.

3. Qu'est-ce que vous avez cherché _____ expliquer?

4. Les gens ont tort _____ penser cela.

5. Il vaut mieux _____ dire la vérité.

6. Vous avez réussi _____ rendre ces problèmes fascinants.

7. Nous voulons _____ continuer _____ lire vos opinions.

8. Vous savez _____ intéresser vos lecteurs.

B. **Je déteste le lundi.** Formez des phrases complètes avec les mots donnés pour décrire la journée de lundi de Frédéric.

1. Je / ne... pas / réussir / se lever / tôt _____

   _____

2. Je / ne... pas / avoir envie / aller / université _____

   _____

3. Mes parents / s'amuser / me / téléphoner / sept heures _____

_____

4. Je / hésiter / répondre _____

5. Je / ne... pas aimer / prendre / petit déjeuner / avant onze heures _____

_____

6. Mes frères / ne... pas / me laisser / faire / grasse matinée _____

_____

C. **Conversation au téléphone.** Traduisez les phrases suivantes.

1. It is better to call me early. _____

_____

2. We need to talk about this problem. _____

3. My mother succeeded in selling the house. _____

_____

4. I hope to see her soon. _____

_____

5. My parents love to visit this city. _____

_____

6. Do you really insist on inviting their friends? _____

_____

7. I prefer to listen to your wife. _____

_____

8. Your brother can't avoid saying stupid things. _____

_____

144

Name _____ Section _____ Date _____

D. **Autobiographie.** Parlez de vous en faisant trois phrases avec chaque verbe.

MODÈLE: penser
          Je pense voyager l'été prochain.

1. savoir

_____

_____

_____

2. hésiter

_____

_____

_____

3. adorer

_____

_____

_____

4. avoir besoin

_____

_____

_____

II. VERBS FOLLOWED BY NOUNS

A. **Au restaurant.** Complétez chaque phrase avec une préposition et / ou un article s'il y a lieu.

1. Demandez _____ carte _____ garçon.

2. Avez-vous téléphoné _____ vos parents?

3. Tu as oublié de changer _____ chemise!

4. Rappelle _____ garçon _____ apporter de l'eau.

5. Il est parti chercher _____ les boissons.

6. _____ quoi pensez-vous maintenant?

7. Tiens, on va jouer _____ guitare.

8. Moi, je vais chercher _____ quelqu'un pour prendre notre commande.

B. **De bons conseils.** Formez des phrases complètes avec les mots donnés.

1. Ne... pas / jouer / golf / pendant / semaine _____

_____

2. Obéir / police _____

3. S'occuper / votre / affaires _____

_____

4. Dire / toujours / vérité / votre / amis _____

_____

5. Téléphoner / souvent / votre / parents _____

_____

6. Rendre visite / votre / grand-père / et / votre / grand-mère / pendant / vacances _____

_____

C. **Vos projets** (*plans*). Quels sont vos projets pour le week-end prochain? Ecrivez six phrases en utilisant les verbes donnés.

téléphoner	s'occuper	rendre visite	chercher
jouer	demander	regarder	penser

1. _____

2. _____

3. _____

4. _____

5. _____

6. _____

III. THE PRONOUNS Y AND EN

A. **La journée des Guichard.** Répondez aux questions suivantes selon les indications. Remplacez les mots en italique par un pronom.

1. Avez-vous téléphoné *aux Guichard*? (Oui,...) _____

   _____

2. Est-ce qu'ils sont *à la maison*? (Non,...) _____

3. Ils sont allés *au café*? (Oui,...) _____

4. Ils n'ont pas demandé *au garçon* d'apporter *du thé*? (Si,...) _____

   _____

5. Il n'y avait plus *de thé*? (Non,...) _____

6. Alors, ils ont commandé *des cafés*? (Oui,...) _____

   _____

7. Le garçon a apporté quatre *cafés*? (Non,... trois.) _____

   _____

8. Est-ce qu'ils ont passé l'après-midi à parler de *leurs enfants*? (Oui,...) _____

   _____

9. Ils n'ont pas été contents *de leur journée*? (Si,...) _____

   _____

10. Avant de rentrer, ils ont rendu visite à *leurs parents*? (Oui,...) _____

    _____

B. **L'espionnage.** Vous êtes espion(ne) *(spy)* et on vous a pris(e). Répondez négativement aux questions suivantes en employant un pronom.

1. Vous intéressez-vous à la politique? _____

   _____

2. Pensez-vous souvent à votre pays? _____

   _____

3. Avez-vous un magnétophone avec vous? _____

_____

4. Avez-vous visité la Chine? Etes-vous déjà allé à Tripoli? _____

_____

5. Vous avez pris beaucoup de photos? _____

_____

6. Tenez-vous à revoir votre famille? _____

_____

C. **Vos réactions.** Ecrivez une phrase en utilisant les verbes donnés et un pronom pour indiquer votre réaction aux idées suivantes.

MODÈLE: les contrôles anti-doping?   (trouver)
   Je les trouve importants.

1. le cinéma? (s'intéresser) _____

_____

2. les journaux? (lire) _____

_____

3. la qualité des œuvres littéraires? (s'inquiéter) _____

_____

4. les musiciens modernes? (parler souvent) _____

_____

5. la poésie? (avoir besoin) _____

_____

6. les comédies musicales? (tenir) _____

_____

ECRIVONS

A. **Votre avenir.** Répondez aux questions suivantes pour écrire un paragraphe.

Qu'est-ce que vous avez décidé de faire comme métier? Tenez-vous beaucoup à travailler? Quelle sorte de métier avez-vous choisi de faire? Avez-vous envie de gagner beaucoup d'argent? Faut-il beaucoup d'argent pour être heureux? Expliquez.

_____

_____

_____

_____

_____

_____

B. **Les arts.** Quel rôle est-ce que les arts jouent dans votre vie? Savez-vous jouer d'un instrument? Avez-vous envie d'en étudier un? Vous intéressez-vous à l'art? Etes-vous peintre? sculpteur? danseur / danseuse? acteur / actrice? Parlez de vos créations artistiques ou de celles que vous admirez.

_____

_____

_____

_____

_____

_____

C. **Le cinéma.** Allez-vous souvent au cinéma? Parlez d'un film que vous avez trouvé très impressionnant. Expliquez pourquoi.

_____

_____

_____

_____

_____

_____

_____

REVISION E

Chapitres 13 à 15

A. Trouvez les mots qui complètent les phrases suivantes.

1. Je n'ai pas pu entendre parce que j'ai mal _____.

2. Jean-Jacques n'est pas venu en classe aujourd'hui; il a _____.

3. Le Tour de France est divisé en plusieurs _____.

4. Quand on se déshabille, on _____ ses vêtements.

5. Les Picard adorent manger du poisson; alors ils vont souvent à la _____.

6. Jean-Claude Killy était un grand champion de _____.

7. Dans *Les Misérables,* il _____ d'un homme qui a passé beaucoup de temps en prison.

8. Les personnes qui lisent un journal sont des _____.

B. Donnez un synonyme pour les mots en italique.

1. Jacqueline et son amie sont rentrées *de bonne heure.*　_____

2. Mon copain *fait une promenade* tous les matins.　_____

3. *J'aime mieux* le rugby.　_____

4. Anne Marie *a* beaucoup de talent.　_____

5. Lausanne *est* en Suisse.　_____

6. Nous voulons acheter *un magazine* de santé.　_____

7. Est-ce que Pauline a réussi à trouver *une profession* intéressante?　_____

8. Tu as *essayé de* lui téléphoner?　_____

C. Trouvez un antonyme pour les mots en italique.

1. *J'ai oublié* le nom de cet auteur. _____

2. Les enfants des Martin *vont très bien* aujourd'hui. _____

3. Ton portefeuille est *plein*; allons à la banque! _____

4. Mon frère ne dit que des *choses intelligentes*. _____

5. *Nous nous réveillons* quand le professeur parle. _____

6. Elles *ont raison* de tenir à faire cela. _____

7. Mon camarade de chambre *a évité de* se laver. _____

8. J'espère que tu *réussis* à l'examen. _____

D. Une **balle** est petite; un **ballon** est grand. En deux phrases complètes, nommez (*name*) quatre sports qu'on pratique avec une **balle** et quatre qu'on pratique avec un **ballon.**

1. _____

_____

2. _____

_____

E. Nommez cinq musicien(ne)s que vous admirez. De quoi jouent-ils / elles?

MODÈLE: *Ray Charles joue du piano.*

1. _____

2. _____

3. _____

4. _____

5. _____

Chapitre 16

LE FRANÇAIS AUX ETATS-UNIS

I. THE RELATIVE PRONOUNS QUI, QUE, AND OU

A. **Chez nous.** Complétez chaque phrase avec un pronom relatif.

1. Nous habitons une ville _____ il fait beau tous les jours.

2. La rue _____ j'habite est très agréable.

3. Aimez-vous l'appartement _____ j'ai loué?

4. Qui est l'homme _____ habite au sixième étage?

5. Est-ce Jacques _____ a choisi les meubles?

6. Je n'ai pas pu trouver le fauteuil _____ elle m'a décrit.

7. L'armoire _____ elle a achetée est jolie.

8. Cette lampe est celle _____ je veux.

9. Il n'a pas expliqué _____ il a trouvé son divan.

10. C'est vous _____ avez acheté cette étagère?

B. **Conversation dans la cuisine.** Mettez les phrases suivantes au passé composé.

1. Voilà la viande qu'il achète. _____

   _____

2. Aimez-vous les gâteaux que je vous fais? _____

   _____

3. L'évier où je fais la vaisselle est trop petit. _____

_____

4. Ils aiment la tarte que nous préparons. _____

_____

5. C'est moi qui range les affaires dans le frigidaire. _____

_____

6. La cuisine est la pièce où les enfants s'amusent. _____

_____

C. **Samedi après-midi à la résidence.** Formez une phrase en combinant les deux phrases données.

1. Il a eu la chambre. Il voulait la chambre. _____

_____

2. J'aime la chaîne stéréo. Il a emprunté la chaîne stéréo. _____

_____

3. Il va aller danser avec une fille. Cette fille habite dans la résidence. _____

_____

4. Il a perdu la clé. Je lui avais prêté la clé. _____

_____

5. Nous avons visité l'université. Sa sœur est étudiante dans cette université. _____

_____

6. Ils regardent un film. Le film est fascinant. _____

_____

7. Donnez-moi le stylo. Le stylo est sur la table de nuit. _____

_____

8. Voilà le canapé. Daniel a dormi sur le canapé. _____

_____

Name _____ Section _____ Date _____

D. **Votre appartement.** Soulignez (*Emphasize*) les mots en italique en employant les expressions **C'est** et **Ce sont** plus un pronom relatif.

1. J'ai choisi *les meubles.* _____

   _____

2. *Vous* vendez cet appartement? _____

   _____

3. Vous allez *là* tous les soirs? _____

   _____

4. *Mme Vincent* est la concierge de cet immeuble. _____

   _____

5. *Je* vais demander le prix du loyer. _____

   _____

6. Nous n'avons pas utilisé *la cuisine.* _____

   _____

II. THE CONDITIONAL MOOD

A. **Conversations avant le cours.** Complétez chaque phrase avec le conditionnel du verbe donné.

1. Sans beaucoup de travail, je ne _____ (réussir) pas aux examens.

2. Avec des idées comme les tiennes, je ne _____ (dire) rien.

3. Tu _____ (devoir) faire attention en cours.

4. _____-tu (pouvoir) me prêter ton cahier?

5. Le prof ne _____ (faire) pas cela.

6. A ta place, je _____ (s'inquiéter).

7. Elles ne _____ (sécher) jamais ce cours.

8. Sans le professeur, tu ne _____ (voir) pas tes fautes.

9. Nous n'_____ (avoir) pas le temps de tout étudier.

10. _____-tu (vouloir) me téléphoner ce soir?

B. **Soyons polis!** Changez les phrases suivantes en essayant d'être plus poli(e).

MODÈLE: Donnez-moi une bière.
Pourriez-vous me donner une bière?

1. Je veux un verre de lait. _____

2. Il faut que tu prépares mon dîner. _____

   _____

3. Passez-moi le bifteck! _____

4. Nous voulons manger maintenant. _____

   _____

5. Voulez-vous utiliser la machine à laver? _____

   _____

6. Attends après dîner. _____

C. Qu'est-ce qu'on devrait faire dans les situations suivantes?

MODÈLE: Vous avez mal à la tête.
Je devrais aller chez le médecin.

1. Vous avez un examen demain. _____

   _____

2. Votre ami n'a jamais d'argent. _____

   _____

3. Vous avez soif / faim. _____

   _____

4. Vos camarades sèchent tous leurs cours. _____

   _____

5. Vous êtes fatigué(e). _____

   _____

6. Votre camarade de chambre échoue à ses examens. _____

   _____

7. Un ami veut louer un appartement. _____

_____

8. Les étudiants de votre université ont trois jours de vacances. _____

_____

9. Vous avez besoin de meubles. _____

_____

10. Vos parents veulent visiter l'Europe. _____

_____

D. **Voudriez-vous changer votre vie?** Imaginez un changement important dans votre vie (**Sans mes amis, Avec beaucoup d'argent, Si j'étais enfant...**) et expliquez comment votre vie serait différente.

_____

_____

_____

_____

_____

III. EXPRESSING TIME WITH **PENDANT, DEPUIS,** AND **IL Y A**

A. **Au cinéma.** Complétez les phrases suivantes avec une expression de temps.

1. Nous avons décidé d'aller voir le film de Berri _____ trois jours.

2. Nous nous sommes dépêchés et nous sommes arrivés _____ quinze minutes.

3. _____ vingt minutes que nous faisons la queue.

4. Le film va commencer _____ cinq minutes.

5. Berri fait de bons films _____ plusieurs années.

6. Nous avons de la chance parce que nos amis ont attendu _____ une heure pour

voir ce film.

B. **Chez moi.** Traduisez les phrases suivantes.

1. We have lived on the rue de Rome for ten years. _____

_____

2. I have the room of my sister who went to Geneva three years ago. _____

_____

3. In a month she will return to work in town. _____

_____

4. We lived on the second floor for six years. _____

_____

5. I have known our neighbors for only six months. _____

_____

6. I would like to leave home in a year. _____

_____

C. **Avez-vous du talent?** Qu'est-ce que vous savez faire? Depuis combien de temps?

MODÈLE: *Je sais jouer du piano depuis dix ans.*
  or *Il y a dix ans que je sais jouer du piano.*

1. _____

2. _____

3. _____

Mentionnez trois de vos plus grands succès et dites quand vous les avez eus.

MODÈLE: *J'ai eu mon bac il y a un an.*

1. _____

2. _____

3. _____

ECRIVONS

A. A la place du Président, que feriez-vous? Employez des verbes au conditionnel.

donner de l'argent...	connaître le problème de...
être plus / moins...	inviter...
avoir peur de...	voir des touristes...
savoir les réponses...	savoir où se trouve(nt)...
choisir d'autres...	parler à...
aller à / en...	nommer... à la Cour suprême

_____

_____

_____

_____

_____

_____

_____

_____

_____

_____

B. Décrivez la maison / l'appartement de vos parents ou votre appartement. Combien de pièces y a-t-il? Qu'est-ce qu'on y trouve?

_____

_____

_____

_____

_____

_____

_____

_____

_____

C. Avez-vous cherché quelque chose dans les petites annonces? Quel journal avez-vous consulté? De quoi aviez-vous besoin? A qui avez-vous téléphoné? Décrivez vos efforts.

_____

_____

_____

_____

_____

_____

_____

_____

_____

D. Décrivez un des appartements suivants annoncés dans *Le Figaro*.

tt = tout   **cft** = confort   **M°** = Métro

Offres Vides 11ᵉ

RÉPUBLIQUE
2 P., tt cft, 1ᵉʳ ét., cuis.
équipée, 3.300 F + 200 F ch.
Ce jour 13 h-17 h, 95, rue
de la Folie-Méricourt.

M° PHILIPPE-AUGUSTE
192, bd de Charonne. 2-3 p., tt
cft, soleil. 3.500 F. + ch. S/pl.
samedi 3-9 de 10 h 30 à 13 h.

PARMENTIER, studette,
bains, 2.100 F net,
92, rue Oberkampf, 13 h.

_____

_____

_____

_____

_____

_____

_____

_____

160

Chapitre 17

LE FRANÇAIS AU QUEBEC

I. THE FUTURE TENSE

A. **La semaine prochaine.** Changez les verbes du présent au futur dans les phrases suivantes.

1. Ma famille va au Québec. _____

2. Nous prenons l'avion à quatorze heures. _____

_____

3. Nous arrivons à Montréal à seize heures trente. _____

_____

4. Je vois la vieille ville. _____

5. Ma sœur peut parler français. _____

_____

6. On s'amuse bien. _____

B. **Résolutions pour le Nouvel An.** Formez des phrases complètes avec les mots donnés et utilisez le futur.

1. Je / passer / plus de temps / dans / nature _____

_____

2. Je / s'occuper / jardin _____

3. Je / lire / beaucoup / articles / sur / pluie acide _____

_____

4. Mon / amis / et moi, / nous / faire / plus / attention / recyclage _____

_____

5. L'été, nous / construire / appartements / pour / sans-logis _____

_____

6. Nous / s'intéresser / problèmes écologiques _____

_____

C. **Vos résolutions.** Faites des résolutions pour l'année prochaine. Employez le futur proche si vous êtes sûr(e) de pouvoir les tenir, ou le futur si vous n'en êtes pas certain(e).

1. _____

_____

2. _____

_____

3. _____

_____

4. _____

_____

5. _____

_____

II. SI CLAUSES

A. **Cause et effet.** Refaites les phrases suivantes en les combinant avec **si** et le futur. Suivez le modèle.

MODÈLE:　J'ai le temps. Je fais des courses.
　　　　　Si j'ai le temps, je ferai des courses.

1. Tu me téléphones. Je fais une promenade avec toi. _____

_____

2. Nous pouvons aller à la montagne. Tu loues une voiture. _____

_____

3. Il ne pleut pas. On prend les petits chemins. _____

_____

4. On passe par Trois-Rivières. On peut descendre dans un petit hôtel sympathique. _____

_____

5. Tu laisses le pourboire. Moi, je paye les boissons. _____

_____

6. Il y a des bateaux à louer. On se promène sur la rivière. _____

_____

B. **Au Québec.** Faites des phrases complètes avec les mots donnés.

1. Si / nous / y aller / automne / il / y avoir / moins de touristes _____

_____

2. Si / nous / prendre / avion, / nous / arriver / Mirabel _____

_____

3. Prendre / navette / si / vous / ne... pas / avoir / assez d'argent / pour / taxi _____

_____

4. Téléphoner / mes amis / dès que / vous / arriver / en ville _____

_____

5. Si / vous / vouloir / étudier / français / il / falloir que / vous / aller / à l'université de Montréal

_____

_____

6. Aller / château Frontenac / si / vous / vouloir / voir / fleuve _____

_____

C. **Les Morin viendront chez nous.** Refaites les phrases suivantes en employant les mots entre parenthèses.

1. S'ils ne viennent pas, je les appelle. (... demain.) _____

_____

2. Quand ils verront cette maison, ils la reconnaîtront. (Si...) _____

_____

3. Aussitôt qu'ils arriveront, nous prendrons l'apéritif. (... jouer aux cartes.) _____

_____

4. Ils seront surpris, quand ils verront notre maison. (... si...) _____

_____

5. Nous pourrons aller à la plage s'ils en ont envie. (... aussitôt que...) _____

_____

6. S'ils s'amusent bien, ils reviennent. (... l'année prochaine.) _____

_____

D. **En 2010.** Que feriez-vous si c'était l'année 2010? Ecrivez cinq phrases.

1. _____

_____

2. _____

_____

3. _____

_____

4. _____

_____

5. _____

_____

III. METTRE / VERBS CONJUGATED LIKE **METTRE**

A. **Notre professeur nous embête.** Complétez chaque phrase avec un verbe conjugué comme **mettre**.

1. Où _____-tu _____ tes devoirs?

2. _____-moi de m'aider avant l'examen.

3. Il faut que nous _____ notre travail à l'heure.

4. Moi, je préfère _____ les choses à demain.

5. Si vous _____ de ne plus faire cela, elle ne vous punira pas.

6. Notre prof ne nous _____ pas de manger en classe.

7. Je ne _____ jamais mes pieds sur la table.

8. Quand nous _____ à parler, elle est furieuse.

B. **On va dîner avec Paul.** Traduisez les phrases suivantes en employant un verbe conjugué commme **mettre**.

1. Allow me to introduce Paul to you. _____

   _____

2. Where do I put my coat? _____

   _____

3. When can we start to eat? _____

   _____

4. I promised to pay for the meal. _____

   _____

5. Don't allow the children to bother the others. _____

   _____

6. I'd better put my coat back on. _____

   _____

C. **Remettons à demain...** Qu'est-ce que vous n'avez pas voulu faire cette semaine que vous avez remis à plus tard? Trouvez cinq choses.

_____

_____

_____

_____

_____

_____

ECRIVONS

A. Que feriez-vous si vous étiez riche? Employez les expressions suivantes ou vos propres idées.

ne... pas travailler	habiter à / en...	promettre de l'argent
ne plus mettre...	aller...	pouvoir

_____

_____

_____

_____

_____

B. Si vous étiez ministre de l'Environnement, que feriez-vous pour augmenter la qualité de la vie?

_____

_____

_____

_____

_____

Name _____ Section _____ Date _____

C. Comment voyez-vous le vingt et unième siècle?

_____

_____

_____

_____

_____

_____

D. Voici un extrait d'un formulaire (*form*) qu'on demande aux Canadiens de remplir (*fill out*) quand ils rentrent au Canada. Pensez à un voyage que vous avez fait avec votre famille et remplissez le formulaire comme si vous étiez canadien(ne). Ensuite, écrivez une description du voyage.

Enquête sur les Canadiens revenant d'un voyage international

Bon Retour au Canada

¹⁰ 391098

Nous sommes intéressés à obtenir des renseignements sur le voyage que vous venez de terminer. Les renseignements obtenus de cette enquête volontaire seront utilisés par l'industrie du tourisme (les compagnies aériennes, les grossistes en voyages à forfait, etc.) pour mieux vous servir, vous, le public voyageur.

devrait prendre de 10 à 15 minutes de votre temps. L'enquête est menée selon les dispositions de la Loi sur la statistique (L.R.C. 1985, ch. S19) qui garantit la confidentialité des renseignements demandés dans votre questionnaire.

Si des chiffres précis concernant les dépenses de voyage ne sont pas disponibles, des estimations seraient appréciées.

Ce questionnaire de deux pages

English on reverse

1. Où habitez-vous?
Lieu habituel de résidence
EN LETTRES MOULÉES

Cité/Ville

Prov./Terr.   Code postal

2. Où et quand avez-vous quitté le Canada?

Où et quand êtes-vous **revenu(e)** au Canada?

Endroit (poste-frontière ou aéroport canadien)   Jour Mois Année

Aux fins de ce questionnaire, voici la définition d'un **groupe** ▶ nous vous demandons d'inclure vous-même et **seulement** les personnes pour qui vous ne voyez pas d'inconvénient à rapporter les **dépenses** et les activités.

3. Combien de personnes, y compris vous-même, comptait votre groupe?

4. Combien de personnes du groupe sont comprises dans les catégories suivantes?

Groupe d'âge ▶	Moins de 2 ans	2 à 11	12 à 14	15 à 19	20 à 24	25 à 34	35 à 44	45 à 54	55 à 64	65 à 74	75 ans et plus
Féminin ▶	01	02	03	04	05	06	07	08	09	10	11
Masculin ▶	12	13	14	15	16	17	18	19	20	21	22

5. Quelle a été la raison principale pour laquelle le groupe a effectué ce voyage à l'extérieur du Canada?
Veuillez cocher seulement une case.
(Exemple: si, à l'occasion d'un voyage d'affaires, votre conjoint et les enfants vous ont accompagné(e) en vue de visiter des parents, veuillez cocher seulement la rubrique "Affaires".)

Affaires
01 ○ Réunions
02 ○ Participer à un congrès, une conférence, une foire commerciale
03 ○ Autre travail

Agrément
04 ○ Agrément/vacances
05 ○ Visiter des amis ou des parents
06 ○ Se rendre à une résidence secondaire, maison de campagne, copropriété
07 ○ Participer à des événements, voir des attractions
12 ○ Autre – *Veuillez préciser*

Autre
08 ○ Raisons personnelles (*visite médicale, mariage...*)
09 ○ Être en transit pour ailleurs au Canada
10 ○ Faire des études
11 ○ Faire des achats

6. À l'occasion de ce voyage à l'extérieur du Canada, un membre du groupe a-t-il . . .
Cochez toutes les cases pertinentes.

21 ○ Visité des amis ou des parents
22 ○ Assisté à des festivals ou manifestations
23 ○ Assisté à des manifestations culturelles (*théâtre, concerts . . .*)
24 ○ Assisté à des manifestations sportives
25 ○ Fait des achats
26 ○ Fait des visites/circuits touristiques
27 ○ Participé à la vie nocturne/ divertissements
28 ○ Soupé dans des restaurants gastronomiques
29 ○ Visité un parc thématique
30 ○ Visité un zoo, un musée, un site naturel

31 ○ Visité un parc national, d'état ou régional ou un lieu historique
32 ○ Participé à des activités sportives ou de plein air – *Précisez* ▼
33 ○ Natation
34 ○ Autres sports aquatiques
35 ○ Chasse ou pêche
36 ○ Ski de fond
37 ○ Ski alpin
38 ○ Autres activités sportives – *Précisez*
39 ○ Autres activités – *Précisez* _____

Name _____ Section _____ Date _____

_____

_____

_____

_____

_____

_____

_____

_____

Chapitre 18

LES IMMIGRES

I. ADVERBS

A. **Interview.** Répondez aux questions suivantes avec l'adverbe qui convient (*is suitable*).

1. Comment avez-vous travaillé cette semaine? (là-bas, lentement, hier) _____

   _____

2. Où avez-vous rencontré votre camarade de chambre? (vite, beaucoup, ici) _____

   _____

3. Quand est-ce que vous allez rentrer? (bientôt, ensemble, trop) _____

   _____

4. Combien de poèmes avez-vous appris ce semestre? (probablement, déjà, beaucoup)

   _____

   _____

5. Comment avez-vous choisi vos cours? (prudemment, souvent, partout) _____

   _____

6. Quand allez-vous finir vos cours? (déjà, bien, certainement) _____

   _____

B. **Conversation.** Posez une question avec le verbe et le premier adjectif ou adverbe donnés. Remplacez l'adjectif par un adverbe quand c'est nécessaire. Ensuite, répondez à la question avec le deuxième adjectif ou adverbe.

MODÈLE: conduire: lent / vite
Conduisez-vous lentement?
Non, je conduis vite.

1. répondre: méchant / poli _____

_____

2. parler: stupide / intelligent _____

_____

3. recevoir: froid / chaud _____

_____

4. se détendre: peu / souvent _____

_____

5. terminer: déjà / encore _____

_____

6. partir: demain / hier _____

_____

C. Mentionnez cinq choses que vous faites tous les jours et comment vous les faites.

MODÈLE: *Je prends régulièrement mon petit déjeuner.*

1. _____

_____

2. _____

_____

3. _____

_____

4. _____

_____

5. _____

_____

II. THE FRENCH EQUIVALENTS OF *GOOD* AND *WELL, BAD* AND *BADLY*

A. **Mon cours de français.** Complétez les phrases suivantes avec la forme correcte de **bon, bien, meilleur, mieux, mauvais** ou **mal.**

1. C'est un _____ professeur. Je l'aime beaucoup.

2. Elle parle français _____ que moi!

3. Malheureusement, j'ai eu de _____ questions aux examens et j'ai échoué.

4. Il vaut _____ que je suive le cours le trimestre prochain.

5. Je ne vais pas faire aussi _____ le semestre prochain.

6. Je serai le _____ étudiant de la classe!

B. **Les professions.** Changez les adjectifs suivants en adverbes, et vice versa.

MODÈLE: Jacques est un bon danseur.   *Il danse bien.*

1. Marc est un bon professeur. _____

2. Sartre était un bon écrivain. _____

3. Anne et Marie étudient bien. _____

4. Robert joue bien dans son dernier film. _____

5. Jean est un bon joueur de football. _____

6. Mon père écrit de bons poèmes. _____

C. Qu'est-ce que vous appréciez? Qu'est-ce que vous détestez? Ecrivez cinq phrases avec **bon** et **mauvais.**

MODÈLE: *J'apprécie les bons films.*
Je n'aime pas les mauvais restaurants.

1. _____

_____

2. _____

_____

3. _____

_____

4. _____

_____

5. _____

_____

III. THE COMPARATIVE AND SUPERLATIVE

A. **Connaissez-vous les animaux?** Formez des phrases complètes avec les mots donnés. Les symboles **+, −** et **=** représentent **plus, moins, aussi** et **autant** respectivement.

1. Mon / chien / être / + méchant / celui de / mon / copine _____

_____

2. cheval / ne... pas être / = rapide / chacal _____

_____

3. vaches / manger / + / lapins _____

_____

4. chats / − intelligent / chiens _____

_____

5. poules / avoir / = dents / canards _____

_____

6. coqs / chanter / = bien / oiseaux _____

_____

7. moutons / manger / − / cochons _____

_____

8. Quel / être / + rapide / tous les animaux? _____

_____

B. **Des traits personnels.** Refaites les phrases suivantes en employant les mots entre parenthèses.

1. Il fait la cuisine mieux que son père. (... aussi...) _____

_____

2. Son français est meilleur que le mien. (... moins...) _____

_____

3. Elle est plus patiente que vous. (... avoir... patience...) _____

_____

4. Jeanne est la plus sérieuse de sa famille. (Jean... université.) _____

_____

5. J'ai beaucoup de copains. (Pierre... plus... moi.) _____

_____

6. Michel a moins de sincérité que Véronique. (... sincère...) _____

_____

C. **Je suis un vantard** (*braggart*)! Traduisez les phrases suivantes.

1. I am the handsomest child in my family. _____

_____

2. I have the best car in town. _____

_____

3. She has fewer friends than I. _____

_____

4. Your clothes cost less than mine. _____

_____

5. I have much more talent than she. _____

_____

6. My room is the biggest in the dorm. _____

_____

D. Complétez les phrases suivantes pour indiquer votre opinion des choses suivantes.

1. La bière est la boisson que j'aime _____.

2. Michael Jackson chante _____ que Madonna.

3. Dustin Hoffman est un _____ acteur que Arnold Schwarzenegger.

4. Notre équipe de football américain gagne _____ que l'équipe de

_____.

5. La télévision est _____ le cinéma.

6. Le plus grand problème social d'aujourd'hui, c'est _____.

E. Donnez des superlatifs qui montrent vos opinions. Employez les adjectifs donnés en suivant le modèle.

MODÈLE: ennuyeux
           Mon cours d'histoire est le cours le plus ennuyeux de tous mes cours.

fascinant   formidable   grand   froid   important

1. _____

_____

2. _____

_____

3. _____

_____

4. _____

_____

5. _____

_____

ECRIVONS

A. Composez un paragraphe sur le sujet suivant. Utilisez des adjectifs et des adverbes de comparaison.

Comparez-vous à votre meilleur(e) ami(e) ou à votre frère ou à votre sœur.

plus / moins grand(e), intelligent(e), sympathique, paresseux (euse)
travailler plus rapidement / lentement
faire du... mieux / plus mal
être un(e) meilleur(e) / plus mauvais(e) étudiant(e), artiste, danseur (-euse)
jouer à / de... mieux / moins bien
danser / parler / écrire mieux ou moins bien

_____

_____

_____

_____

_____

_____

_____

_____

_____

_____

B. Est-ce que vos impressions du monde francophone ont changé cette année? Qu'est-ce que vous comprenez mieux? Y a-t-il des choses en France, au Canada ou en Afrique que vous aimez bien? que vous n'aimez pas? Qu'est-ce que vous aimeriez connaître mieux?

_____

_____

_____

_____

_____

_____

_____

_____

REVISION F

Chapitres 16 à 18

A. Trouvez les mots qui complètent les phrases suivantes.

1. Dagwood aime dormir sur son _____ aussi bien que dans son lit.

2. Pour faire la cuisine vite, on utilise _____.

3. Ils _____ six mois pour construire notre maison.

4. Ma chambre _____ le jardin, et je peux voir les fleurs par ma fenêtre.

5. Un appartement avec huit _____ est trop grand pour une personne.

6. Il y a un restaurant bien connu au deuxième _____ de la tour Eiffel.

7. Ne laisse pas tes vêtements partout. Mets-les dans _____.

8. Ils ne louent pas leur maison. Ils en sont _____.

B. Donnez un synonyme pour les mots en italique.

1. Est-ce que tu vas *bâtir* une nouvelle maison? _____

2. Il partira *dès qu*'il pourra. _____

3. Nous te parlerons *lorsque* tu arriveras. _____

4. Je vais *commencer à* ranger la cuisine. _____

5. *Il y a* trois jours que nous attendons le facteur. _____

6. Comment *s'appelle* cette rivière? _____

7. Elle n'a pas *donné* son examen au professeur. _____

8. Ils sont sortis *fréquemment*. _____

C. Trouvez un antonyme pour les mots en italique.

1. Dans cette ville, le chômage *augmente*. _____

2. Son enfant est vraiment *méchant*. _____

3. Nous avons passé une journée *magnifique*. _____

4. Les charges sont *en plus*. _____

5. Est-ce que tu pourrais *enlever* tes chaussures? _____

6. C'est le *plus mauvais* film de l'année. _____

7. Elle *n*'est *pas encore* là. _____

8. *Continuez*, s'il vous plaît! _____

D. Complétez les phrases suivantes. Faites attention aux suggestions entre parenthèses.

1. Je ne sais pas _____ j'ai mis la lampe. (*relative pronoun*)

2. Connaissez-vous le _____ restaurant _____ la ville? (*best*)

3. Où as-tu trouvé le fauteuil _____ est à ta gauche? (*relative pronoun*)

4. Cette pièce est _____ petite _____ l'autre! (*as*)

5. Je n'ai jamais vu _____ gens. (*so many*)

6. On dort _____ quand il fait frais. (*better*)

7. Le Brésil produit _____ ordinateurs que l'Argentine. (*more*)

8. Les Russes ont une station spatiale _____. (*for several years*)

9. Ils n'ont pas les meubles _____ je cherche. (*relative pronoun*)

10. C'est _____ pièce _____ l'année. (*worst*)

E. **Partons!** Traduisez les phrases suivantes.

1. This is the most boring week of the vacation. _____

_____

2. We'll go to the beach as soon as we are ready. _____

_____

3. I would be surprised if we took four hours to get there. _____

_____

4. Your car is not as big as mine. _____

_____

5. Will you allow me to leave early? _____

_____

6. Which suitcases did you put in the car? _____

_____

7. We'll come back home when it starts to rain. _____

_____

8. It's more difficult to drive when the weather is bad. _____

_____

9. It's fantastic! I haven't been there in three years. _____

_____

10. Twelve years ago, my family rented a house near that river. _____

_____

F. Quelles sont les meilleures choses de la vie? Nommez-en cinq.

MODÈLE: *Le Châteauneuf du Pape est le meilleur vin de France.*

1. _____

_____

2. _____

_____

3. _____

_____

4. _____

_____

5. _____

_____

G. Que ferez-vous après votre dernier examen final?

_____

_____

_____

_____

_____

_____

_____

182

Manuel de laboratoire

REVISION A

Chapitres 1 à 3

DICTEE

You will now hear a paragraph in French. You will hear it twice: once in its entirety and a second time with pauses for you to write. Now listen to the paragraph.

_____

_____

_____

_____

_____

_____

_____

_____

_____

COMPREHENSION

You will now hear a paragraph about a young Frenchman named Jean Dupont. The paragraph will be read twice. Listen to it, then answer the questions in your laboratory manual in complete sentences.

1. Jean est acteur? _____

2. Il étudie le français? _____

3. Est-ce qu'il mange de la viande? _____

4. Est-ce qu'il aime le vin? _____

5. Il étudie seul? _____

6. Ils écoutent du rock? _____

Chapitre 4

LES VOYAGES

DIALOGUE

You will hear the chapter dialogue twice. The first time you will hear it without pauses. The second time, the speakers will pause for you to repeat phrases after them. Now listen to the entire dialogue.

PRONONCIATION

Review the explanation of the sounds you are studying before repeating the words and sentences after the tape.

Enchaînements et liaisons

A. In spoken French, words flow together very smoothly. When a word begins with a vowel sound, French speakers pronounce the last consonant of the preceding word as if it were the first letter of the next word. This is **enchaînement.**

avec elle	/avɛ kɛl/	il a	/i la/
sept étudiants	/sɛ te ty djã/	elle est	/ɛ lɛ/

B. There is a separate category of **enchaînement** in which a written final consonant that is normally not pronounced must be sounded because a vowel sound follows it. Notice the difference in the pronunciation of: **nous travaillons** /nu tʀ a va jɔ̃/ and **nous habitons** /nu za bi tɔ̃/.

The **s** of **nous** in **nous habitons** must be pronounced because the verb begins with the vowel sound /a/. This is **liaison.** It is limited to closely linked word groups (pronoun subject–verb, adjective–noun), and most often involves the /z/ sound.

Exercices

A. Practice **enchaînements** by repeating the following group of words after the speaker.

neuf étudiantes / elle habite / il invite / cinq acteurs / l'artiste intelligent / le professeur intéressant

B. Repeat the following paired words after the speaker, paying particular attention to the **liaisons.**

No liaisons	Liaisons	No liaisons	Liaisons
un livre	un_ami	nous dansons	nous_invitons
deux clés	deux_amies	ils sont	ils_ont
trois cafés	trois_hôtesses	des légumes	des_hôtels
six portes	six_étudiants	les filles	les_enfants
dix cartes	dix_hommes	en France	en_Amérique

C. Repeat the following sentences after the speaker, concentrating on the **enchaînements** and **liaisons.**

1. Les Américains habitent en Amérique.
2. Nous étudions avec un professeur intéressant.
3. Vous avez une opinion d'elle?
4. Les enfants sont intelligents.
5. Ils invitent des amis sympathiques.
6. Elle donne un examen aux étudiants.

ACTIVITES

I. A AND DE WITH DEFINITE ARTICLES

A. You will hear six sentences, each read twice, that contain **à** or **de** plus an article. In the spaces below, write only the preposition and article that you hear.

1. _____   4. _____

2. _____   5. _____

3. _____   6. _____

B. Change each sentence by substituting the cue you hear. Follow the model.

1. *Speaker:*   Je suis à l'université.
   Speaker: maison
   Student: *Je suis à la maison.*
   Speaker: Je suis à la maison.

2. *Speaker:*   Où est le livre du professeur?
   Speaker: étudiant
   Student: *Où est le livre de l'étudiant?*
   Speaker: Où est le livre de l'étudiant?

Name _____ Section _____ Date _____

C. You will hear six statements, each read twice. Using the map below, indicate whether each statement is true or false by circling **V** for **Vrai** (*True*) or **F** for **Faux** (*False*).

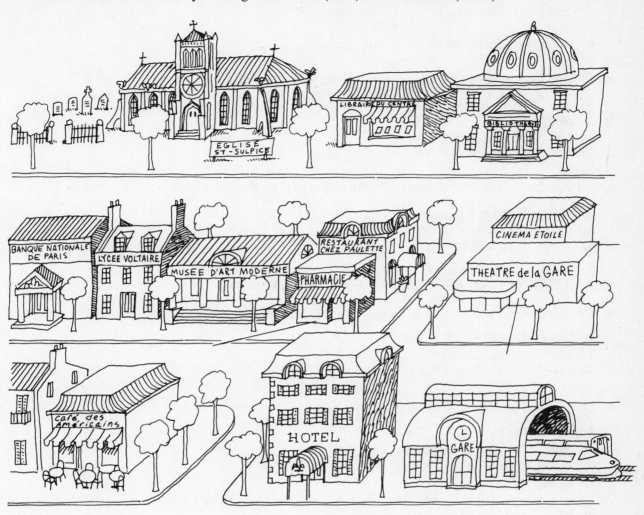

1. V F   2. V F   3. V F   4. V F   5. V F   6. V F

II. ALLER / THE FUTUR PROCHE

A. You will now hear six sentences, each read twice. Decide whether each sentence uses a form of **aller** as a verb of motion, as the **futur proche,** or whether it has a verb other than **aller.** Circle your answer.

Speaker: Je vais à la banque.
Student circles: (motion)   futur proche   un autre verbe

1. motion   futur proche   un autre verbe

2. motion   futur proche   un autre verbe

3. motion   futur proche   un autre verbe

4. motion   futur proche   un autre verbe

5. motion   futur proche   un autre verbe

6. motion   futur proche   un autre verbe

B. Change each sentence by substituting the cue you hear. Follow the model.

Speaker: Nous allons chez Sylvie.
Speaker: Je
Student: *Je vais chez Sylvie.*
Speaker: Je vais chez Sylvie.

C. Change the sentences you hear to the **futur proche.** Follow the model.

Speaker: Il arrive fatigué.
Student: *Il va arriver fatigué.*
Speaker: Il va arriver fatigué.

III. ARTICLES AND PREPOSITIONS WITH PLACE NAMES

A. You will hear a series of place names. Say that you are going to go to that place.

Speaker: Paris
Student: *Je vais aller à Paris.*
Speaker: Je vais aller à Paris.

B. Identify the country in which the following cities are located.

Speaker: Paris
Student: *Paris est en France.*
Speaker: Paris est en France.

C. Form a sentence to describe where Paul is, based on the city and country you hear. Follow the model.

Speaker: Paris, France
Student: *Il est à Paris en France.*
Speaker: Il est à Paris en France.

IV. NUMBER FROM 70 TO 1,000,000,000

A. Listen to the following numbers and repeat each one after the speaker. Then write the number in digits. Follow the model.

Speaker: soixante et onze
Student: *soixante et onze*
Speaker: soixante et onze
Student writes: *71*

Name _____ Section _____ Date _____

1. _____	7. _____
2. _____	8. _____
3. _____	9. _____
4. _____	10. _____
5. _____	11. _____
6. _____	12. _____

B. You will now hear six sentences, each of which contains a number. Write out in words only the number you hear. You will hear each sentence twice.

1. _____

2. _____

3. _____

4. _____

5. _____

6. _____

DICTEE

You will now hear five sentences in French. You will hear them twice: once in their entirety and a second time with pauses for you to write. Now listen to the sentences.

1. _____

2. _____

3. _____

4. _____

5. _____

COMPREHENSION

You will hear a short passage in French followed by five statements. Both the passage and the statements will be read twice. Indicate whether each statement is true or false by circling **V** for **Vrai** (*True*) or **F** for **Faux** (*False*).

1. V F   2. V F   3. V F   4. V F   5. V F

Chapitre 6

LES TRANSPORTS

DIALOGUE

You will hear the first chapter dialogue twice. The first time you will hear it without pauses. The second time, the speakers will pause for you to repeat phrases after them. Now listen to the entire dialogue.

PRONONCIATION

Review the explanation of the sounds you are studying before repeating the words and sentences after the tape.

The Sounds /y/, /u/, and /ɥ/

A. You have already encountered the sound /y/ several times in words such as **tu** and **du.** It is always represented in writing by the letter **u** and must not be confused with the sound /u/, written **ou** (**nous, vous**). The /y/ sound is produced with the tongue forward in the mouth and lips rounded. The easiest way to say it is to pronounce the /i/ sound (as in **si**) and then round your lips without moving your tongue.

B. When the /y/ sound is followed by another vowel sound, it is pronounced in a shorter fashion, but still with the lips rounded and the tongue forward. Many English speakers attempting to pronounce **lui** (/lɥi/) say /lwi/ instead, which is understood as **Louis.**

Exercices

A. Repeat the following pairs of words, which differ only in lip rounding, after the speaker.

/i/ unrounded	/y/ rounded	/i/ unrounded	/y/ rounded
si	su	J	jus
dit	du	qui	Q
fit	fut	rit	rue

B. Repeat the following pairs of words, which differ only in tongue position, after the speaker.

/u/ back	/y/ front	/u/ back	/y/ front
où	U	sous	su
bout	bu	tout	tu
nous	nu	vous	vu

C. Practice the /ɥ/ sound, called a *semi-vowel*, by repeating the following words after the speaker.

lui / cuisine / je suis / huit / huile / ennuyeux / affectueux / tout de suite / la Suisse

D. Repeat the following sentences after the speaker, paying particular attention to the vowel sounds /y/ and /ɥ/.

1. Je suis curieux.
2. Tu étudies avec lui?
3. Lucie trouve vos chaussures ridicules.
4. Ils sont étudiants à l'université de Tours.
5. Luc a eu huit amis chez lui.
6. Je suis allé avec lui au Portugal.

ACTIVITES

I. THE PASSE COMPOSE WITH ETRE

A. Change the following sentences by substituting the cues you hear. Follow the model.

Speaker: Il est monté chez Paul.
Speaker: Nous
Student: *Nous sommes montés chez Paul.*
Speaker: Nous sommes montés chez Paul.

B. Change the sentences you hear to the **passé composé.** Follow the model.

Speaker: Je rentre en taxi.
Student: *Je suis rentré(e) en taxi.*
Speaker: Je suis rentré(e) en taxi.

REVISION B

Chapitres 4 à 6

DICTEE

You will now hear a paragraph in French. You will hear it twice: once in its entirety and a second time with pauses for you to write. Now listen to the passage.

_____

_____

_____

_____

_____

_____

_____

COMPREHENSION

You will hear a paragraph about a French family, followed by six questions. The paragraph will be read twice. Listen carefully, then answer the questions.

1. _____

_____

2. _____

_____

3. _____

_____

4. _____

_____

5. _____

_____

6. _____

_____

REVISION C

Chapitres 7 à 9

ACTIVITES

A. You will hear six sentences, each read twice, about the picture below. Write each sentence next to the number that corresponds to the appropriate part of the picture.

1. _____

2. _____

3. _____

4. _____

5. _____

6. _____

B. You will hear parts of six conversations. Circle the name of the place where you are most likely to hear each conversation.

1. au café   à la bibliothèque   au cinéma

2. au musée   à l'hôtel   à la gare

3. à la bibliothèque   à la librairie   à l'église

4. au marché   à la pharmacie   à la télévision

5. dans la rue   au téléphone   chez un programmeur

6. au bureau de poste   au restaurant   sur la plage

DICTEE

You will now hear a letter in French. You will hear it twice: once in its entirety and a second time with pauses for you to write. Now listen to the letter.

_____

_____

_____

_____

_____

_____

_____

_____

_____

_____

_____

_____

COMPREHENSION

Bernard is visiting Geneva, a city made famous by many people, including Calvin and Rousseau. He is lost and stops a young woman to ask for help. Listen to their conversation, which will be read twice, then answer the questions in your laboratory manual.

1. Où sont Bernard et la jeune femme? _____

_____

2. Qu'est-ce que Bernard cherche? _____

_____

3. Qu'est-ce qu'il veut voir là-bas? _____

_____

4. Quel autre monument est dans la même rue? _____

_____

5. Est-ce que la jeune femme est sympathique? _____

_____

Chapitre 10

EN VOITURE

DIALOGUE

You will hear the chapter dialogue twice. The first time you will hear it without pauses. The second time, the speakers will pause for you to repeat phrases after them. Now listen to the entire dialogue.

PRONONCIATION

Review the explanation of the sounds you are studying before repeating the words and sentences after the tape.

The Mid Vowels /e/ and /ɛ/

A. French has three pairs of mid vowels, so called because the mouth is neither fully open as with the /a/ sound nor closed as with the /i/ sound. With all three pairs, it is important to note whether a consonant sound follows the vowel sound.

B. The mid vowel sound /ɛ/ is often followed by a consonant. It is pronounced with the mouth slightly open and the tongue forward.

   treize   faire   laisse   cette   faites   laide   Bruxelles

C. The mid vowel sound /e/ is extremely tense, so you must be careful not to move your tongue or jaw when pronouncing it.

D. In French, a consonant sound never follows the /e/ sound at the end of a word. Usual spellings for the /e/ sound are **-é, -ez,** and **-er.** The letters **z** and **r** are silent.

   allé   vous arrivez   réserver   sécurité   tenez   payée

Exercices

A. Repeat the following pairs of words after the speaker.

/e/	/ɛ/
1. les	laisse
2. B	bête
3. mes	mère

B. Now, practice the /e/ and /ɛ/ sounds in words of several syllables by repeating the following words after the speaker. Be sure to avoid diphthongizing the final /e/.

céder / chercher / acceptez / préféré / fermer / préparer

C. Repeat the following sentences after the speaker, keeping all vowels very tense.

1. Daniel fait des crêpes pour la fête de sa mère.
2. Cet employé a déjà fermé la fenêtre.
3. Visitez le musée près du café.
4. Merci pour ce verre de lait frais.
5. Elle est née en janvier l'année dernière.
6. Préférez-vous aller danser ou rester chez vous?

ACTIVITES

I. SAVOIR AND CONNAITRE

A. Change each sentence by substituting the cues you hear. Follow the model.

Speaker: Il ne connaît pas Paris.
Speaker: Tu
Student: *Tu ne connais pas Paris.*
Speaker: Tu ne connais pas Paris.

B. Make a complete sentence using **savoir** or **connaître** and the expression you hear. Follow the model.

Speaker: son âge
Student: *Je sais son âge.*
Speaker: Je sais son âge.

II. LE PASSE COMPOSE (REVIEW)

A. Change each sentence by substituting the cue you hear. Follow the model.

Speaker: Nous sommes sortis à trois heures.
Speaker: arriver
Student: *Nous sommes arrivés à trois heures.*
Speaker: Nous sommes arrivés à trois heures.

B. Change each sentence you hear to the **passé composé.** Follow the model.

Speaker: Elle lui passe les papiers.
Student: *Elle lui a passé les papiers.*
Speaker: Elle lui a passé les papiers.

C. You will now hear six sentences, each read twice, about unnamed objects. Listen for the ending of the past participle, then circle your choice for what the people are talking about. If the gender of the object is not indicated by the verb ending, circle **les deux sont possibles.** Follow the model.

Speaker:　　　　　Elle ne l'a pas pris.
Student circles: (son parapluie) la photo　les deux sont possibles

1. les sandwichs　　les omelettes　　les deux sont possibles

2. le train　　　　la photo　　　　les deux sont possibles

3. Marc　　　　　Marie　　　　les deux sont possibles

4. le roman　　　la salade　　　les deux sont possibles

5. le professeur　　la leçon　　　les deux sont possibles

6. les examens　　les classes　　les deux sont possibles

7. l'espagnol　　　l'informatique　　les deux sont possibles

8. son nom　　　son adresse　　les deux sont possibles

III. THE IMPERFECT

A. Change each sentence by substituting the cue you hear. Follow the model.

Speaker: Faisiez-vous des courses en ville?
Speaker: elle
Student: *Faisait-elle des courses en ville?*
Speaker: Faisait-elle des courses en ville?

B. Change each sentence you hear to the imperfect. Follow the model.

Speaker: Elle attend les gendarmes.
Student: *Elle attendait les gendarmes.*
Speaker: Elle attendait les gendarmes.

C. You will hear six sentences, each read twice, about what the people in the following picture were doing yesterday at 8 A.M. Write each sentence next to the number that corresponds to the appropriate part of the picture.

1. _____

2. _____

3. _____

4. _____

5. _____

6. _____

IV. **VENIR** / VERBS CONJUGATED LIKE **VENIR** / **VENIR DE** + *INFINITIVE*

A. Change each sentence by substituting the cue you hear. Follow the model.

Speaker: Il vient chez moi le dimanche.
Speaker: Vous
Student: *Vous venez chez moi le dimanche.*
Speaker: Vous venez chez moi le dimanche.

B. Change each sentence you hear to the **passé immédiat** by adding the correct form of **venir de.** Follow the model.

Speaker: Mon père part.
Student: *Mon père vient de partir.*
Speaker: Mon père vient de partir.

C. You will hear six questions, each read twice. Write your answers according to the cues provided in your laboratory manual.

1. tomber _____

2. 98 _____

3. Jean _____

4. acheter une voiture _____

_____

5. médecin _____

6. 9 h 30 _____

DICTEE

You will now hear a paragraph in French about a man who calls a friend. You will hear it twice: once in its entirety and a second time with pauses for you to write. Now listen to the passage.

_____

_____

_____

_____

_____

_____

_____

_____

_____

COMPREHENSION

You will now hear a paragraph in French about a woman who decides to take a trip to the beach. The paragraph will be read twice. First listen carefully to the passage, then write the answers to the questions that you will hear.

1. _____

2. _____

3. _____

4. _____

5. _____

Chapitre 11

LA TELE

DIALOGUE

You will hear the chapter dialogue twice. The first time you will hear it without pauses. The second time, the speakers will pause for you to repeat phrases after them. Now listen to the entire dialogue.

PRONONCIATION

Review the explanation of the sounds you are studying before repeating the words and sentences after the tape.

The Vowel Sounds /o/ and /ɔ/

A. The vowel sounds /o/ and /ɔ/ are pronounced with the tongue back and the lips very rounded. As with the sounds /e/ and /ɛ/, the tongue is neither high nor low.

B. The /ɔ/ sound is the same as the /o/ sound, except that in the former, the mouth is held more open. You use the /o/ sound when the word ends in a vowel sound. The /ɔ/ sound is used when a pronounced consonant follows it.

C. The spellings **au** and **ô** are almost always pronounced /o/, not /ɔ/. If the consonant that follows is a /z/ sound, you also use /o/.

Exercices

A. Repeat the following English and French word pairs after the speaker.

English	French		English	French
1. bow	beau	3.	dough	dos
2. foe	faux	4.	oh	eau

B. Repeat the following pairs of words after the speaker.

	/o/	/ɔ/		/o/	/ɔ/
1.	beau	bonne	4.	tôt	tort
2.	faux	fort	5.	trop	drogues
3.	nos	notre	6.	pot	poche

C. Repeat the following pairs of words after the speaker.

	/ɔ/	/o/		/ɔ/	/o/
1.	notre	autre	4.	école	Côte d'Azur
2.	botte	Claude	5.	note	chose
3.	pomme	pauvre	6.	comme	cause

D. Repeat the following sentences after the speaker, paying particular attention to the open /ɔ/ sound and the closed /o/ sound.

1. Robert veut un beau chapeau.
2. Donne-moi le téléphone!
3. A l'automne, nous faisons de bonnes promenades.
4. Paulette propose des choses idiotes.
5. Le chômage et la drogue me préoccupent.
6. Et comme fromage? —Du Roquefort!

ACTIVITES

I. DIRECT AND INDIRECT OBJECT PRONOUNS:
FIRST AND SECOND PERSONS

A. Change each sentence by adding the cue you hear. Follow the model.

Speaker: Il attend au café.
Speaker: me
Student: *Il m'attend au café.*
Speaker: Il m'attend au café.

B. Put each sentence you hear in the imperative. Follow the model.

Speaker: Tu me donnes ton sac.
Student: *Donne-moi ton sac.*
Speaker: Donne-moi ton sac.

Name _____ Section _____ Date _____

C. You will hear six sentences, each read twice. Write the letter of each sentence you hear under the appropriate drawing.

1. _____   2. _____   3. _____

4. _____   5. _____   6. _____

II. THE SUBJUNCTIVE OF REGULAR VERBS AND OF **AVOIR** AND **ETRE**

A. You will now hear six sentences, each read twice. Indicate whether the verb in the subordinate clause is in the indicative or subjunctive by circling the appropriate word in your laboratory manual.

1. indicative   subjunctive   4. indicative   subjunctive

2. indicative   subjunctive   5. indicative   subjunctive

3. indicative   subjunctive   6. indicative   subjunctive

B. Change each sentence by substituting the cue you hear in the subordinate clause. Follow the model.

Speaker: Il est nécessaire qu'ils choisissent.
Speaker: on
Student: *Il est nécessaire qu'on choisisse.*
Speaker: Il est nécessaire qu'on choisisse.

C. Change each sentence by replacing the subjunctive verb with the cue you hear. Follow the model.

Speaker: Je veux que vous restiez.
Speaker: répondre
Student: *Je veux que vous répondiez.*
Speaker: Je veux que vous répondiez.

III. USES OF THE SUBJUNCTIVE

A. Change each sentence by substituting the cue you hear. Pay attention to whether the mood in the subordinate clause will be the indicative or the subjunctive. Follow the model.

Speaker: Je suis surpris qu'il soit absent.
Speaker: certain
Student: *Je suis certain qu'il est absent.*
Speaker: Je suis certain qu'il est absent.

B. Change each sentence by putting the verb of the main clause in the negative. Pay attention to whether the mood of the subordinate clause will be the indicative or the subjunctive. Follow the model.

Speaker: Elle pense que tu es intelligent.
Student: *Elle ne pense pas que tu sois intelligent.*
Speaker: Elle ne pense pas que tu sois intelligent.

DICTEE

You will now hear a report for consumers on buying a new car. You will hear it twice: once in its entirety and a second time with pauses for you to write. Now listen to the report.

_____

_____

_____

_____

_____

_____

_____

_____

_____

_____

254

Name _____ Section _____ Date _____

COMPREHENSION

You are having a phone conversation with a good friend. He will tell you five things that you did not know. Stop the tape after each conversation, then summarize your reaction to the news in the spaces provided in your laboratory manual.

Speaker: Nous avons un examen de maths demain.
Student writes: *Je sais que nous avons un examen de maths demain.*

                or *J'ai peur que nous ayons un examen de maths demain.*

1. _____

_____

2. _____

_____

3. _____

_____

4. _____

_____

5. _____

_____

Chapitre 12

LES ACHATS

DIALOGUE

You will hear the chapter dialogue twice. The first time you will hear it without pauses. The second time, the speakers will pause for you to repeat phrases after them. Now listen to the entire dialogue.

PRONONCIATION

Review the explanation of the sounds you are studying before repeating the words and sentences after the tape.

The Vowel Sounds /ø/ and /œ/

A. The third pair of mid vowels in French is /ø/ and /œ/. The /ø/ sound is pronounced with the mouth mostly closed, the tongue forward, and the lips rounded. It is represented by the letters **eu** and occurs in words such as **bleu** and **heureux.** The unaccented **e** in words such as **je, ne, ce,** and **que** approximates this sound.

B. The /ø/ sound occurs when it is the last sound in a syllable. If the syllable ends in a consonant, you must pronounce the /œ/ sound by opening your mouth slightly. The /œ/ sound is also written **eu,** but it occurs only before a pronounced consonant in words such as **leur, veulent,** and **neuf.**

C. There is only one frequent exception to the preceding rule. When the final consonant is the /z/ sound, usually written **-se,** you keep the vowel sound /ø/.

Exercices

A. Repeat the following pairs of words after the speaker.

/ø/	/œ/		/ø/	/œ/
1. heureux	chauffeur	3.	peu	peur
2. eux	heure	4.	veut	veulent

B. Repeat the following pairs of words after the speaker.

/ø/	/øz/		/ø/	/øz/
1. affreux	affreuse	4.	courageux	courageuse
2. ambitieux	ambitieuse	5.	délicieux	délicieuse
3. dangereux	dangereuse	6.	généreux	généreuse

C. Repeat the following sentences after the speaker, distinguishing between the closed /ø/ sound and the open /œ/ sound.

1. Je veux aller chez eux.
2. Elle a peur que tu ne sois pas à l'heure.
3. Ce vendeur ne peut pas supporter les chauffeurs furieux.
4. Cet acteur veut avoir deux répondeurs.
5. Le docteur peut venir à deux heures vingt-neuf.
6. Je suis heureuse que ma sœur soit ambitieuse et studieuse.

ACTIVITES

I. BOIRE / RECEVOIR / DEVOIR

A. Change the following sentences by substituting the cues you hear. Follow the model.

Speaker: Elle boit un jus de fruit.
Speaker: Nous
Student: *Nous buvons un jus de fruit.*
Speaker: Nous buvons un jus de fruit.

B. In each sentence you hear, replace **il faut que** by the correct form of **devoir.** Follow the model.

Speaker: Il ne faut pas que je mente.
Student: *Je ne dois pas mentir.*
Speaker: Je ne dois pas mentir.

C. What should you do in the following situations? In your laboratory manual, write responses to the statements you hear. You will hear each statement twice.

Speaker: Vous avez très faim.
Student writes: *Je devrais manger quelque chose.*

1. _____

2. _____

3. _____

4. _____

5. _____

6. _____

Name _____ Section _____ Date _____

II. IRREGULAR VERBS IN THE SUBJUNCTIVE

A. Change the following sentences by substituting the cues you hear. Follow the model.

Speaker: Il est possible que nous allions en France.
Speaker: je
Student: *Il est possible que j'aille en France.*
Speaker: Il est possible que j'aille en France.

B. Change the following sentences by substituting the expressions you hear. Follow the model.

Speaker: Il a fallu que nous travaillions beaucoup.
Speaker: faire le ménage
Student: *Il a fallu que nous fassions le ménage.*
Speaker: Il a fallu que nous fassions le ménage.

C. What do you think of the situations in the following drawing? You will hear six questions, each read twice. In your laboratory manual, write an answer to each question using **Je pense que...** or **Je ne pense pas que...** depending on the situation pictured.

1. _____

2. _____

3. _____

4. _____

5. _____

6. _____

III. NEGATIVES

A. Replace **Luc** with **Eric,** and make each sentence you hear negative. Follow the model.

Speaker: Luc va toujours à l'église le dimanche.
Student: *Eric ne va jamais à l'église le dimanche.*
Speaker: Eric ne va jamais à l'église le dimanche.

B. Answer each question you hear in the negative. Follow the model.

Speaker: Qui est venu te chercher?
Student: *Personne n'est venu me chercher.*
Speaker: Personne n'est venu me chercher.

C. A nosy neighbor drops by and asks you some personal questions. You will hear each question twice. Circle the only appropriate answer in your laboratory manual.

1. Jamais! Personne! Rien!

2. Jamais! Personne! Rien!

3. Jamais! Personne! Rien!

4. Jamais! Personne! Rien!

5. Jamais! Personne! Rien!

6. Jamais! Personne! Rien!

D. You will hear definitions for the following terms. Each will be read twice. Write the number of the definition you hear next to the corresponding term.

un pauvre _____   un misanthrope _____

un végétarien _____   un ermite _____

un insomniaque _____   un nudiste _____

DICTEE

You will now hear a paragraph in French. You will hear it twice: once in its entirety and a second time with pauses for you to write. First listen to the paragraph, and then write what you hear.

_____

_____

_____

_____

_____

_____

_____

_____

COMPREHENSION

You will hear two paragraphs on earning money—one by a man named Marc Pognon and one by a woman named Louise Condé. Each will be read twice. The first time, listen to the paragraphs; the second time, take notes on what you hear. Then, in your laboratory manual write a paragraph in French explaining which point of view is closer to your own.

_____

_____

_____

_____

_____

_____

_____

REVISION D

Chapitres 10 à 12

ACTIVITES

A. You will hear six questions based on the following drawing. Each will be read twice. Write your answer to each question in the spaces provided in your laboratory manual.

1. _____

2. _____

3. _____

4. _____

5. _____

6. _____

B. You will hear six sentences, each read twice. Each contains a word denoting an emotion shown in one of the drawings in your laboratory manual. Write the letter of the sentence you hear next to the number of its corresponding drawing.

1. _____   3. _____   5. _____

2. _____   4. _____   6. _____

DICTEE

You will now hear a paragraph in French. You will hear it twice: once in its entirety and a second time with pauses for you to write. Now listen to the paragraph.

_____

_____

_____

_____

_____

_____

_____

_____

_____

Name _____ Section _____ Date _____

COMPREHENSION

You will now hear a paragraph followed by five questions. The paragraph will be read twice. First listen to the passage, then answer the questions.

1. _____

2. _____

3. _____

4. _____

5. _____

Chapitre 13

LA SANTE

DIALOGUE

You will hear the chapter dialogue twice. The first time you will hear it without pauses. The second time, the speakers will pause for you to repeat phrases after them. Now listen to the entire dialogue.

PRONONCIATION

Review the explanation of the sounds you are studying before repeating the words and sentences after the tape.

Initial and Final Consonant Sounds

A. If you place your hand in front of your mouth and pronounce an English word starting with the /p/, /t/, or /k/ sounds, you will feel a puff of air. This is *aspiration*, and you must avoid it in French when you pronounce such initial consonant sounds.

B. Final consonant sounds are stronger in French than in English. In French, it is very important to pronounce final consonant sounds clearly. As you know, some grammatical distinctions depend on the presence or absence of a final consonant sound in the oral form.

Gender: étudiant /e ty djã/, étudiante /e ty djãt/
Number: il descend /il dɛ sã/, ils descendent /il dɛ sãd/

Exercices

A. Listen carefully to the speaker and repeat the following pairs of words, trying to eliminate the aspiration in the French words.

English	French		English	French
1. Paul	Paul		3. two	tout
2. Paris	Paris		4. car	car

B. Repeat the following pairs of words after the speaker, making the final consonant sound much stronger in French.

English	French		English	French
1. habit	habite	4.	port	porte
2. bees	bise	5.	long	longue
3. descend	descendent	6.	mine	mine

C. Repeat the following words after the speaker, making sure to pronounce clearly the final consonant sound.

verte / sorte / verbe / servent / heureuse / tienne / sac / rendent / tête

D. Repeat the following sentences after the speaker, avoiding the aspiration of initial consonant sounds and stressing final ones.

1. Le professeur pose une question intéressante.
2. Patrick passe l'été dans l'appartement de sa tante.
3. Au printemps, à Paris, les cafés sont pleins de monde.
4. Ces pays deviennent de plus en plus pauvres.
5. Un cours de psychologie demande beaucoup de travail.
6. Brigitte part faire des courses avec Monique.

ACTIVITES

I. STEM-CHANGING VERBS

A. Change each sentence by substituting the cue you hear. Follow the model.

Speaker: Elle répète les questions.
Speaker: Je
Student: *Je répète les questions.*
Speaker: Je répète les questions.

B. In the following sentences, change the verbs in the singular to the plural and vice versa. Follow the models.

Speaker: Répétez le dialogue!
Student: *Répète le dialogue!*
Speaker: Répète le dialogue!

Speaker: N'enlève pas tes chaussures.
Student: *N'enlevez pas vos chaussures.*
Speaker: N'enlevez pas vos chaussures.

268

Name _____ Section _____ Date _____

C. You will hear six conversations, each read twice. In your laboratory manual, write complete sentences telling what the people in each conversation are buying.

1. François et Marie _____

2. Luc et moi, _____

3. Anne _____

4. Vous _____

5. Mes parents _____

6. Jacqueline _____

II. REFLEXIVE VERBS: PRESENT TENSE, FUTUR PROCHE, AND THE INFINITIVE

A. Change the following sentences by substituting the cues you hear. Follow the model.

Speaker: Marie se lève tôt.
Speaker: Je
Student: *Je me lève tôt.*
Speaker: Je me lève tôt.

B. Change the following sentences to the **futur proche.** Follow the model.

Speaker: Nous nous dépêchons de partir.
Student: *Nous allons nous dépêcher de partir.*
Speaker: Nous allons nous dépêcher de partir.

C. You will hear six sentences that describe the drawings in your laboratory manual. Each will be read twice. Write each sentence next to the number that corresponds to the appropriate drawing.

2. _____

3. _____

4. _____

5. _____

6. _____

III. REFLEXIVE VERBS: **PASSE COMPOSE** AND IMPERATIVE

A. Change the following sentences by substituting the cues you hear. Follow the model.

Speaker: Nous nous sommes bien amusés hier soir.
Speaker: Je
Student: *Je me suis bien amusé hier soir.*
Speaker: Je me suis bien amusé hier soir.

B. Change the following sentences by substituting the cues you hear. Follow the model.

Speaker: Réveillez-vous maintenant!
Speaker: se lever
Student: *Levez-vous maintenant!*
Speaker: Levez-vous maintenant!

C. You are a doctor, and you are listening to the complaints of six patients. Give them advice using the verbs provided in your laboratory manual in the affirmative or negative, depending on the complaint. You will hear each statement twice.

Speaker: Je suis très fatigué.
Student sees: se reposer
Student writes: *Reposez-vous plus souvent.*

1. se déshabiller _____

_____

2. se coucher tôt _____

_____

3. se promener un peu _____

_____

4. s'inquiéter trop _____

_____

5. se dépêcher au repas _____

_____

6. se réveiller plus tard _____

_____

DICTEE

You will now hear the advice of a doctor on how to stay healthy. You will hear it twice: once in its entirety and a second time with pauses for you to write. Now listen to the passage.

_____

_____

_____

_____

_____

_____

_____

_____

COMPREHENSION

You will hear a series of complaints, each read twice. In your laboratory manual, circle the body part most directly involved in each complaint.

1. les yeux   les oreilles   les pieds

2. les pieds   les mains   le nez

3. les cheveux   la gorge   le nez

4. le bras   les yeux   les pieds

5. la tête   les oreilles   les bras

272

Chapitre 14

LES SPORTS

DIALOGUE

You will hear the chapter dialogue twice. The first time you will hear it without pauses. The second time, the speakers will pause for you to repeat phrases after them. Now listen to the entire dialogue.

PRONONCIATION

Review the explanation of the sounds you are studying before repeating the words and sentences after the tape.

The Sounds /s/, /z/, /sj/, and /zj/

A. The distinction between the sounds /s/ and /z/ is very clear in French. A single letter **s** between two vowels is always pronounced /z/, while a double **s** represents /s/. This permits contrasts between words such as **le désert** and **le dessert.**

B. In French, the sounds /s/ and /z/ may be followed by the /j/ sound, which is very similar to the initial sound in *yes*. In English, equivalent words usually have a /ʃ/ sound. In French, it is important to make two distinct sounds, /s/ or /z/, then the /j/ sound.

Exercices

A. Repeat the following pairs of words, which have the same meanings in English and French, but vary between the sounds /s/ and /z/.

English	French	English	French
1. philosophy	la philosophie	4. disagreeable	désagréable
2. dessert	le dessert	5. disobey	désobéir
3. curiosity	la curiosité	6. resemble	ressembler

B. Repeat the following words, which contain the sound /s/, the sound /z/, or both.

ils choisissent / vous finissez / qu'il désobéisse / Nénesse / nous réussissons / la bise / tu laisses / la phrase / la boisson / la chasse / ennuyeuse / mes amis

C. Repeat the following pairs of words, which contrast the sounds /s/ + /j/ and /z/ + /j/.

/sj/	/zj/	/sj/	/zj/
1. nous passions	nous faisions	4. traditionnel	vous lisiez
2. l'expression	la télévision	5. les sciences	les yeux
3. une émission	parisien	6. une description	une allusion

D. Repeat the following pairs of words, which contrast the /ʃ/ sound in English with the /sj/ sound in French.

English	French	English	French
1. patience	la patience	4. essential	essentiel
2. pollution	la pollution	5. national	national
3. exceptional	exceptionnel	6. action	l'action

E. Repeat the following sentences after the speaker, paying attention to the difference between the /s/ and /z/ sounds and pronouncing the sound /sj/ instead of /ʃ/.

1. Ma cousine a refusé son dessert.
2. Nous allons visiter une église suisse.
3. Les Parisiens préfèrent la conversation à la télévision.
4. Les Tunisiens ont réussi à supporter l'invasion romaine.
5. Il est essentiel que vous annonciez les résultats du championnat d'équitation.
6. Nous excusons son hypocrisie et sa curiosité excessives.

ACTIVITES

I. -IRE VERBS

A. Change the following sentences by substituting the cues you hear. Follow the model.

Speaker: Nous écrivons à nos parents.
Speaker: Vous
Student: *Vous écrivez à vos parents.*
Speaker: Vous écrivez à vos parents.

B. Change the sentences you hear to the present tense. Follow the model.

Speaker: Elle a produit un nouveau film.
Student: *Elle produit un nouveau film.*
Speaker: Elle produit un nouveau film.

C. You will hear a brief plot summary of each of the famous works of literature listed in your laboratory manual. Using the subjects given, write what the people are reading. You will hear each summary twice. Follow the model.

Speaker: Tom est perdu dans une caverne.
Student writes: *Tu lis Tom Sawyer.*

> *Huckleberry Finn*   *The Grapes of Wrath*
> *Hamlet*   *The Catcher in the Rye*
> *Romeo and Juliet*   *Notre-Dame de Paris*

1. Vous _____

2. On _____

3. Mes amis _____

4. Mes camarades de cours et moi, _____

_____

5. Ma sœur _____

6. Tu _____

II. DEMONSTRATIVE PRONOUNS

A. Change each sentence by replacing the noun with a demonstrative pronoun. Follow the model.

Speaker: Donnez-moi ce livre-là.
Student: *Donnez-moi celui-là.*
Speaker: Donnez-moi celui-là.

B. Change each sentence by replacing a noun with a demonstrative pronoun that shows possession. Follow the model.

Speaker: Tu as perdu le stylo du professeur?
Student: *Tu as perdu celui du professeur?*
Speaker: Tu as perdu celui du professeur?

III. POSSESSIVE PRONOUNS

A. Replace each phrase with a possessive pronoun. Follow the model.

Speaker: sa chemise
Student: *la sienne*
Speaker: la sienne

B. Change each sentence by replacing a noun phrase with a possessive pronoun. Follow the model.

Speaker: Je n'aime pas tes vêtements.
Student: *Je n'aime pas les tiens.*
Speaker: Je n'aime pas les tiens.

C. You will hear parts of six conversations, each read twice, in which people use a possessive pronoun. In your laboratory manual, circle what you think the people are talking about. Follow the model.

Speaker: J'ai perdu les miens.
Student circles: mes clés   mon livre   (mes cahiers)

1. ton apéritif   tes devoirs   ta boisson

2. mon imperméable   ma chemise   mes chaussures

3. à son vélo   à sa voiture   à ses amies

4. de votre frère   de votre sœur   de vos parents

5. de mon sac   de ma valise   de mes bagages

6. à leur banque   à leur maison   à leurs cours

DICTEE

You will now hear a dialogue in French. You will hear it twice: once in its entirety and a second time with pauses for you to write. Now listen to the dialogue.

NICOLE: _____

_____

DANIEL: _____

_____

_____

NICOLE: _____

_____

_____

_____

DANIEL: _____

_____

_____

_____

_____

Name _____ Section _____ Date _____

COMPREHENSION

A. You will now hear parts of five conversations, each read twice. In the spaces provided in your laboratory manual, write the name of the sport in which the person is most likely engaged.

1. _____   4. _____

2. _____   5. _____

3. _____

B. You will now hear six questions about the results of a survey showing how often French men and women engage in various sports. The results of the survey are printed in your laboratory manual. Listen to each question, find the answer in the chart, and then write your answer in your laboratory manual. You will hear each question twice.

Pourcentages des Français qui pratiquent les sports (H = hommes, F = femmes)

	H	F
Alpinisme	2,2	1,0
Aviation	1,2	0,6
Basket	4,7	2,7
Bateau à moteur	2,1	0,9
Bateau à voile	2,9	1,7
Cyclisme	17,5	9,7
Chasse	2,8	0,5
Equitation	2,6	2,7
Football	10,1	0,9
Golf	1,6	1,1
Gymnastique	4,2	9,3
Jogging	12,6	8,4
Judo-karaté	1,6	0,4
Natation	20,2	16,7
Patin à glace	3,8	3,1
Pêche	8,6	1,5
Planche à voile	3,2	2,3
Pétanque	15,2	4,7
Plongée	3,0	1,3
Rugby	2,0	0,2
Ski	13,3	7,9
Tennis	15,1	7,8
Volley ball	6,1	2,9

1. _____

2. _____

3. _____

4. _____

_____

5. _____

_____

6. _____

_____

Source: Adapted from *Francoscopie 1995.*

Chapitre 15

LES ARTS

LETTRE

You will hear the letter twice. The first time you will hear it without pauses. The second time, the speaker will pause for you to repeat phrases after him. Now, listen to the letter.

PRONONCIATION

Review the explanation of the pronunciation feature you are studying before repeating the sentences after the tape.

Intonation

A. Intonation is the change in the pitch of the voice. It enables a speaker to distinguish between sentences such as *She's going to the movies.* and *She's going to the movies?* French intonation is not radically different from that of English. The two basic kinds are rising intonation and falling intonation.

B. With rising intonation the pitch of the voice rises in yes-or-no questions and sentences when you pause for a breath at the end of a group of related words.

C. With falling intonation the pitch of the voice drops in declarative and imperative sentences and in information questions (those that start with an interrogative adverb or pronoun).

Exercices

A. Repeat the following yes-or-no questions after the speaker.

1. Aimez-vous ce tableau?

2. Est-ce qu'il est parti?

3. Vous avez un violon?

B. Repeat the following sentences with pauses after the speaker.

1. Elle n'est pas venue parce qu'elle est malade.

2. J'ai acheté un parapluie, mais je l'ai perdu.

3. Nous sommes allés au cinéma et nous avons dîné après.

C. Repeat the following declarative sentences after the speaker.

1. Il va faire beau.

2. Marie n'est pas là.

3. Nous sommes très fatigués.

D. Repeat the following imperative sentences after the speaker.

1. Dépêche-toi.

2. Venez avec nous.

3. Allons au théâtre.

E. Repeat the following information questions after the speaker.

1. Qu'est-ce que vous allez faire?

2. Comment allez-vous?

3. Pourquoi fait-il cela?

F. Repeat the following sentences after the speaker, paying particular attention to rising and falling intonation patterns.

1. Voulez-vous danser?
2. Passez-moi le sucre.
3. Qui n'a pas pris de dessert?
4. Monique fait de la danse moderne.
5. J'ai lu un livre et j'ai téléphoné à un ami.
6. Couchez-vous plus tôt!

ACTIVITES

I. VERBS FOLLOWED BY INFINITIVES

A. Replace the conjugated verb in the sentences you hear with the correct form of the verb given. Follow the model.

Speaker: Les Marchais vont partir.
Speaker: venir
Student: *Les Marchais viennent de partir.*
Speaker: Les Marchais viennent de partir.

B. Replace the name **Marc** with a pronoun in the sentences you hear. Follow the model.

Speaker: Vas-tu essayer de téléphoner à Marc?
Student: *Vas-tu essayer de lui téléphoner?*
Speaker: Vas-tu essayer de lui téléphoner?

C. You are going to hear a teacher ask a question and a student answer it. Write a sentence describing how the student answers by using one of the three verbs given in your laboratory manual.

Student hears: —Qui est le président de la République française?
                  —Moi, je sais! C'est Jacques Chirac.
Student sees: accepter / hésiter / refuser
Student writes: *Il accepte de répondre.*

1. avoir envie / ne pas savoir / ne pas réussir

_____

2. détester / avoir du mal / se dépêcher

_____

3. tenir / décider / refuser

_____

4. éviter / adorer / s'amuser

_____

5. réussir / commencer / éviter

_____

6. aller / préférer / hésiter

_____

II. VERBS FOLLOWED BY NOUNS

A. Replace the verbs in the sentences you hear with those given. Follow the model.

Speaker: Etienne écoute sa mère.
Speaker: ressembler
Student: *Etienne ressemble à sa mère.*
Speaker: Etienne ressemble à sa mère.

B. You will hear six problems that your friends are having. Each will be read twice. Listen to each problem, then write your advice using a verb such as **dire, conseiller,** or **recommander.** Follow the model.

Speaker: Votre ami Pierre veut sortir avec une fille, mais il est trop timide.
Student writes: *Je lui conseille d'écrire à la fille.*

1. _____

   _____

2. _____

   _____

3. _____

   _____

4. _____

   _____

5. _____

   _____

6. _____

   _____

III. THE PRONOUNS Y AND EN

A. Replace the objects in the following sentences with pronouns. Follow the model.

Speaker: Ils répondent au téléphone.
Student: *Ils y répondent.*
Speaker: Ils y répondent.

B. Replace the objects in the following sentences with pronouns. Follow the model.

Speaker: Nous sommes allés en France.
Student: *Nous y sommes allés.*
Speaker: Nous y sommes allés.

C. You will hear six conversations, each read twice. The last sentence of each conversation contains a pronoun. Rewrite the last sentence of each conversation with a logical replacement for the pronoun you hear. Follow the model.

Student hears: —Avec tous nos problèmes, je m'inquiète beaucoup de l'avenir. Et toi?
                  —J'y pense souvent.

Student sees: Je pense souvent _____ .

Student writes: Je pense souvent *à l'avenir.*

1. Non, mais j'ai besoin _____ .

2. Nous nous sommes occupés _____ .

3. Oui, et l'année dernière on est allé _____ .

4. Oui, elle a acheté trois _____ .

5. Mais, tu ne parles jamais _____ .

6. Il s'inquiète trop _____ .

DICTEE

You will now hear a paragraph in French about Brigitte Dupond. You will hear it twice: once in its entirety and a second time with pauses for you to write. Now listen to the passage.

_____

_____

_____

_____

_____

_____

_____

_____

_____

COMPREHENSION

You will now hear a paragraph about the French language in Louisiana. It will be read twice. Listen, then read the true / false statements in your laboratory manual. Circle **V** for **vrai** if the statement is true or **F** for **faux** if it is false.

1. Beaucoup de gens parlent français en Louisiane.   V   F

2. Ils sont d'origine canadienne.   V   F

3. Le français est la langue principale en Louisiane.   V   F

4. On peut étudier le français au lycée mais pas à l'école.   V   F

5. On ne peut pas étudier le français de Louisiane à l'université.   V   F

REVISION E

Chapitres 13 à 15

ACTIVITES

A. Write the answers to the questions you hear based on the drawing in your laboratory manual. Each question will be read twice.

1. _____

2. _____

3. _____

4. _____

5. _____

6. _____

B. You will hear eight questions, each read twice. Write an answer to each one, using a pronoun. Follow the model.

Speaker: Aimez-vous jouer au base-ball?
Student writes: *Oui, j'aime y jouer.* or
                    Non, je n'aime pas y jouer.

1. _____
2. _____
3. _____
4. _____
5. _____
6. _____
7. _____
8. _____

DICTEE

You will now hear a passage in French about a trip to Brussels. You will hear it twice: once in its entirety and a second time with pauses for you to write. Now listen to the passage.

_____
_____
_____
_____
_____
_____
_____
_____
_____
_____
_____
_____

286

COMPREHENSION

You will now hear an interview with an athlete. It will be read twice. Listen, then read the true / false statements in your laboratory manual. Circle **V** for **vrai** if the statement is true or **F** for **faux** if it is false.

1. Un journaliste parle avec Claude Laforge qui joue pour l'équipe de Saint-Etienne.   V   F

2. Claude jouait au rugby.   V   F

3. Il s'est fait mal pendant un match.   V   F

4. Il va recommencer à jouer dans un mois.   V   F

5. Quand il ne joue pas, il est avocat.   V   F

Chapitre 16

LE FRANÇAIS AUX ETATS-UNIS

DIALOGUE

You will hear the chapter dialogue twice. The first time you will hear it without pauses. The second time, the speakers will pause for you to repeat phrases after them. Now listen to the entire dialogue.

PRONONCIATION

Review the explanation of the sounds you are studying before repeating the phrases and sentences after the tape.

Mute e

A. Mute **e** may or may not be pronounced, according to its position in the sentence. When pronounced, it is represented by the symbol /ə/ and is pronounced as the /ø/ of **peu**.

une petite annonce   la pétite annonce

B. Mute **e** is identified in written form by the letter **e** with no accent mark, and it is never followed by double consonants.

Devoirs and **besoin** both contain mute **e**.
Derrière has the /ɛ/ sound, as indicated by the double **r**.

C. In casual conversation, most French speakers drop as many mute **e**'s as possible, short of creating a string of unpronounceable consonants. One important rule is that mute **e** is never pronounced before a vowel sound.

quatré heures   votré appartement

D. In general, a mute **e** is also dropped if it is preceded by only one pronounced consonant. For example, **trop de gens** is pronounced /tro dʒɑ̃/. The /ʒ/ is preceded by **d**, but **p** is not pronounced.

beaucoup dé livres   sans cé livre

E. If a mute **e** follows two pronounced consonants, however, it is better to keep the sound.

Il ne sait pas.   Regarde le garçon.

Exercices

A. Repeat the following phrases after the speaker, dropping the mute **e**'s indicated.

quatré heures / votré appartement / un autré étudiant / notré ami / une tablé immense / un pauvré homme

B. Repeat the following phrases after the speaker, dropping the mute **e**'s indicated.

beaucoup dé livres / sans cé livre / un kilo dé beurre / dans lé bureau / assez dé travail / Vous lé savez. / pas dé place / Tu né bois pas.

C. Repeat the following phrases after the speaker, pronouncing the mute **e**'s indicated.

Il ne sait pas. / Regarde le garçon. / avec le couteau / Elles me connaissent. / Jeanne te voit. / une pauvre femme / le gouvernement / quatre semaines de vacances

D. Repeat the following sentences after the speaker, dropping as many mute **e**'s as possible.

1. Je ne sais pas si je veux cette table de nuit.
2. Beaucoup de gens se reposent le matin.
3. Elle me donne trop de travail.
4. A quatre heures nous décidons de préparer le dîner.
5. Qu'est-ce que vous allez me montrer?
6. Mon appartement se trouve au rez-de-chaussée près de la cuisine.

ACTIVITES

I. THE RELATIVE PRONOUNS **QUI, QUE,** AND **OU**

A. Complete the sentences you hear by adding a relative pronoun and the suggested endings. Follow the model.

Speaker: Il cherche un appartement.
Speaker: est petit
Student: *Il cherche un appartement qui est petit.*
Speaker: Il cherche un appartement qui est petit.

B. Combine the sentences you hear with a relative pronoun. Follow the model.

Speaker: Il a eu la chambre. / Il voulait la chambre.
Student: *Il a eu la chambre qu'il voulait.*
Speaker: Il a eu la chambre qu'il voulait.

C. You will hear five brief descriptions of people or things. Each will be read twice. Finish the last sentence of each description by writing a logical ending to each one in your laboratory manual. Follow the model.

Speaker: Pierre ne fait rien. Il ne fait jamais ses devoirs; il ne va pas en classe et il ne travaille pas à la maison. Pierre est un garçon qui...

Student might write: Pierre est un garçon qui *est paresseux.*

1. C'est une maison où _____

    _____

2. Jacqueline est une femme que _____

    _____

3. Je n'aime pas les chambres qui _____

    _____

4. Nous préférons les sports que _____

    _____

5. Le Québec est un pays où _____

    _____

II. THE CONDITIONAL MOOD

A. Replace the subject pronouns in the following sentences with the pronouns given. Follow the model.

Speaker: Avec cela, il aurait de l'argent.
Speaker: nous
Student: *Avec cela, nous aurions de l'argent.*
Speaker: Avec cela, nous aurions de l'argent.

B. In the sentences you hear, replace the conjugated verb with the verb given. Follow the model.

Speaker: Nous aimerions voyager.
Speaker: vouloir
Student: *Nous voudrions voyager.*
Speaker: Nous voudrions voyager.

      291

C. You will hear six problems. Using the conditional, write out a possible solution to each problem in your laboratory manual. Follow the model.

Speaker: J'ai beaucoup de choses à acheter, mais je n'ai pas d'argent.
Student might write: *Vous pourriez trouver du travail.*

1. _____

_____

2. _____

_____

3. _____

_____

4. _____

_____

5. _____

_____

6. _____

_____

III. EXPRESSING TIME WITH **PENDANT, DEPUIS,** AND **IL Y A**

A. Rephrase the sentences you hear using a different expression of time, if there is one. Be careful, however, not to change the meaning of the sentence. (Note that it may not be possible to change some of the sentences.) Follow the model.

Speaker: Il y a une heure et quart que nous attendons le train de Paris.
Student: *Nous attendons le train de Paris depuis une heure et quart.*
Speaker: Nous attendons le train de Paris depuis une heure et quart.

B. You will now hear six statements, each read twice. In your laboratory manual, circle either **continue** or **terminée** to indicate whether the action described is still going on or not.

1. continue   terminée   4. continue   terminée

2. continue   terminée   5. continue   terminée

3. continue   terminée   6. continue   terminée

DICTEE

You will now hear a message that Jean Némard left on his girlfriend Nicole's answering machine. You will hear it twice: once in its entirety and a second time with pauses for you to write. Now listen to the message.

_____

_____

_____

_____

_____

_____

_____

COMPREHENSION

You will now hear a letter to *Marcelle*, a French counterpart of *Dear Abby*, and the response. You will then hear five questions, each read twice. Listen to the letter, then answer the questions in your laboratory manual.

1. _____

   _____

2. _____

3. _____

4. _____

   _____

5. _____

   _____

Chapitre 17

LE FRANÇAIS AU QUEBEC

POEME

You will hear the poem twice. The first time you will hear it without pauses. The second time, the speaker will pause for you to repeat phrases after him. Now listen to the entire poem.

PRONONCIATION

Review the explanation of the pronunciation feature you are studying before repeating the phrases and sentences after the tape.

Liaisons

A. You learned in Chapter 4 that **liaisons** occur when a normally silent, final written consonant is pronounced because a word starting with a vowel follows. Often, a certain amount of flexibility is allowed when deciding whether or not to pronounce the consonant, but sometimes you must make a **liaison.**

B. **Liaisons** that you must make are called **liaisons obligatoires.** They fall into the following categories:

article + noun / article + adjective + noun

mes‿amis / un petit‿homme / des‿efforts

pronoun + verb / verb + pronoun / pronoun + pronoun

Ils‿habitent. / Donnez-‿en. / On‿en‿a.

Do not pronounce, however, the **liaison** between subject pronouns and verbs with inversion.

Voulez-vous / en acheter? Sont-ils / arrivés? Peuvent-elles / ouvrir?

after many one-syllable prepositions and adverbs

chez‿eux / sous‿un‿arbre / trop‿aimable / bien‿aimé

C. Some **liaisons,** called **liaisons facultatives,** are optional. Generally, you should make more of them when speaking in a formal style. Some categories are as follows:

negation

pas‿avec moi   *or*   pas / avec moi

verbs + verbs / verbs + prepositions / verbs + articles

je dois‿aller   *or*   je dois / aller

But with **est** and present-tense verbs ending in **-ont, liaison** is very frequent.

Il est‿arrivé. / Ils font‿une erreur. / Elles‿ont‿un‿appartement.

two-syllable prepositions and adverbs

devant‿une église   *or*   devant / une église

Exercices

A. Repeat the following phrases after the speaker, making all the **liaisons obligatoires.**

mes‿amis / un petit‿homme / des‿efforts / mon‿ordinateur / un grand‿appartement / d'autres‿exemples / un‿habitant / de vieilles‿églises / dix‿étudiants

B. Repeat the following brief sentences after the speaker, making all the **liaisons obligatoires.**

Ils‿habitent. / Nous‿en voudrions. / Nous‿y allons. / Il va les‿inviter. /
Donnez-en. / Vont-ils les‿acheter? / On‿en‿a. / Vous‿en‿avez vu. /
Elles les‿ont.

C. Repeat the following phrases after the speaker, making all the **liaisons obligatoires.**

chez‿eux / trop‿aimable / dans‿un restaurant / très‿utile / sous‿un‿arbre / bien‿aimé

D. Repeat the following pairs of phrases after the speaker, to practice **liaisons facultatives.**

1. pas‿avec moi   pas / avec moi
2. jamais‿au théâtre   jamais / au théâtre
3. plus‿à Paris   plus / à Paris
4. je dois‿aller   je dois / aller
5. il faut‿appeler   il faut / appeler
6. devant‿une église   devant / une église
7. beaucoup‿aimé   beaucoup / aimé
8. souvent‿excellent   souvent / excellent

E. Repeat the following sentences after the speaker, making all **liaisons** you hear.

1. Ils en ont un.
2. Montrez-en aux enfants.
3. Elles y sont allées sans eux.

4. Je les ai emmenés avec leurs amis.
5. Etes-vous allés en Irlande cet été?
6. Les bons étudiants adorent étudier sous les arbres.

ACTIVITES

I. THE FUTURE TENSE

A. Replace the pronoun subjects in the following sentences with the pronouns given. Follow the model.

Speaker: Vous viendrez en cours?
Speaker: Tu
Student: *Tu viendras en cours?*
Speaker: Tu viendras en cours?

B. Put the verbs of the following sentences in the future tense. Follow the model.

Speaker: Allez-vous faire un voyage?
Student: *Ferez-vous un voyage?*
Speaker: Ferez-vous un voyage?

C. You will now hear advice to tourists. Each sentence will be read twice. Indicate whether it is in the conditional or the future by circling the corresponding word in your laboratory manual.

1. conditionnel futur   5. conditionnel futur

2. conditionnel futur   6. conditionnel futur

3. conditionnel futur   7. conditionnel futur

4. conditionnel futur   8. conditionnel futur

II. SI CLAUSES

A. You will hear six sentences with **si** clauses. Add the expression **ce soir** to each **si** clause and change the other verb to the future. Follow the model.

Speaker: Si tu pars, je viens avec toi.
Student: *Si tu pars ce soir, je viendrai avec toi.*
Speaker: Si tu pars ce soir, je viendrai avec toi.

B. Change the sentences you hear to hypothetical sentences by putting the verbs in the imperfect and in the conditional. Follow the model.

Speaker: Si Marie est malade, nous irons sans elle.
Student: *Si Marie était malade, nous irions sans elle.*
Speaker: Si Marie était malade, nous irions sans elle.

C. You will hear six couples talking about different problems. Listen carefully, then finish the second speaker's sentence in your laboratory manual so that you provide the first speaker with logical advice.

1. Si j'étais vous, _____

_____

2. Si tu as de l'argent, _____

_____

3. Demain, s'il fait beau, _____

_____

4. Si tu as le temps, _____

_____

5. A ta place, _____

_____

6. Quand vous arriverez, _____

_____

III. METTRE / VERBS CONJUGATED LIKE METTRE

A. Change each sentence by substituting the cue you hear. Follow the model.

Speaker: Je mets du sucre dans le café.
Speaker: On
Student: *On met du sucre dans le café.*
Speaker: On met du sucre dans le café.

B. Replace the direct or indirect object in each of the following sentences with a pronoun. Follow the model.

Speaker: Elle a mis les clés sur la table.
Student: *Elle les a mises sur la table.*
Speaker: Elle les a mises sur la table.

C. You will now hear six situations in which you or someone else would need permission to do something. Each situation will end with a question. Write your answer to each question in your laboratory manual.

1. _____

_____

2. _____

_____

3. _____

_____

4. _____

_____

5. _____

_____

6. _____

_____

DICTEE

You will now hear your horoscope in French. You will hear it twice: once in its entirety and a second time with pauses for you to write. Now listen to your horoscope.

_____

_____

_____

_____

_____

_____

_____

_____

COMPREHENSION

You will now hear five situations. In your laboratory manual, complete the last sentence of each situation in a logical manner based on what you hear.

1. Si j'étais toi, _____

_____

2. Si vous sortez, _____

_____

3. Pourrez-vous m'aider quand _____

_____

4. Je lui dirai que vous avez téléphoné aussitôt que _____

_____

5. Si vous n'aimez pas cela, _____

_____

Chapitre 18

LES IMMIGRES

FABLE

You will hear the fable twice. The first time you will hear it without pauses. The second time, the speakers will pause for you to repeat phrases after them. Now listen to the entire fable.

PRONONCIATION

Review the explanation of the pronunciation features you are studying before repeating the phrases and sentences after the speaker.

Des mots difficiles

At this point, you have learned all the main features of French pronunciation. There always remain a few individual words that are difficult to pronounce, however. One problem for people learning French is that they rely on spelling too much when they try to determine the correct pronunciation of a word. French spelling, as does English, represents the pronunciation of the language as it was spoken hundreds of years ago. For example, many consonants are no longer pronounced. The following words and phrases are among the most difficult to pronounce that you have learned in this book.

Exercices

A. Repeat the following verbs after the speaker.

il peut, ils peuvent / je fais, nous faisons / tu achètes, vous achetez / je verrai, je ferai, je serai / que j'aille, que nous allions / qu'il veuille / soyons / choisissez, réussissez / ayez, aie / gagner / elle prend, elles prennent / j'aime

B. Repeat the following adjectives after the speaker.

un, une / ancien, ancienne / ennuyeux / bon, bonne / utile, inutile / ambitieux

C. Repeat the following nouns after the speaker.

les gens / un examen / ma sœur / la peur / le pays / mille, ville, fille / juin, juillet, août / un cours, un corps / monsieur, messieurs / une famille tranquille / la faim, la femme / l'Allemagne / la gare, la guerre / la psychologie / l'école / l'hiver, l'automne / un œil, des yeux / la campagne, la montagne / deux heures / Jean, Jeanne / un an, une année / les Etats-Unis / un franc / un œuf, des œufs / vingt-cinq, quatre-vingt-cinq

D. Repeat the following sentences after the speaker, taking care to pronounce each word correctly.

1. Monsieur Martin utilise de l'huile et du beurre et sa cuisine est fantastique.
2. Je ne pense pas que Jean veuille gagner le match.
3. Nos familles prennent des vacances magnifiques en juin et en juillet.
4. Il est inutile de chercher un pays où les gens ne sont pas ambitieux.
5. Nous faisons une promenade ennuyeuse entre la gare et l'école.
6. En automne et en hiver ils peuvent suivre un cours de psychologie ou d'anthropologie.

ACTIVITES

I. ADVERBS

A. Change each sentence by substituting the adverbs you hear. Follow the model.

Speaker: Ils ne l'ont pas fait hier.
Speaker: bien
Student: *Ils ne l'ont pas bien fait.*
Speaker: Ils ne l'ont pas bien fait.

B. Change the sentences you hear to the **passé composé.** Pay attention to the position of the adverbs. Follow the model.

Speaker: Mon camarade de chambre parle beaucoup.
Student: *Mon camarade de chambre a beaucoup parlé.*
Speaker: Mon camarade de chambre a beaucoup parlé.

C. You will hear six people speak in different ways. Describe how each person spoke, using one of the six adverbs listed in your laboratory manual. Follow the model.

Student hears: (French spoken at a rapid pace.)
Student writes: <u>*Il a parlé rapidement.*</u>

peu   lentement   vite   mal   poliment   méchamment

1. _____

2. _____

3. _____

4. _____

Name _____ Section _____ Date _____

5. _____

6. _____

II. THE FRENCH EQUIVALENT OF *GOOD* AND *WELL, BAD* AND *BADLY*

A. Change the sentences you hear to the **passé composé.** Follow the model.

Speaker: Je dors mal.
Student: *J'ai mal dormi.*
Speaker: J'ai mal dormi.

B. Now change the nouns in the sentences you hear to the plural. Follow the model.

Speaker: J'ai fait un bon gâteau.
Student: *J'ai fait de bons gâteaux.*
Speaker: J'ai fait de bons gâteaux.

C. You will now hear a series of sentences, each followed by an isolated word. Repeat each sentence, placing the word in its proper position. Follow the model.

Speaker: Michel est un acteur.   (bon)
Student: *Michel est un bon acteur.*
Speaker: Michel est un bon acteur.

D. You will now hear six opinions, each read twice, about artists and their work. In your laboratory manual, circle the artist that the speaker thinks is better.

1. Michel Sardou	Nana Mouskouri	4.	Camus	Sartre
2. Picasso	Renoir	5.	Berri	Bertolucci
3. Rude	Rodin	6.	Mallarmé	Claudel

III. THE COMPARATIVE AND SUPERLATIVE

A. Substitute the noun subjects you hear in the following sentences. Follow the model.

Speaker: Marc est plus sympa que moi.
Speaker: Marie
Student: *Marie est plus sympa que moi.*
Speaker: Marie est plus sympa que moi.

B. You will now hear a sentence followed by a series of adjectives. Substitute each adjective in the original sentence, paying attention to its correct position. Follow the model.

Speaker: Jacques est l'enfant le plus intelligent de sa famille.
Speaker: beau
Student: *Jacques est le plus bel enfant de sa famille.*
Speaker: Jacques est le plus bel enfant de sa famille.

C. You will hear six questions, each read twice. Write your answer to each question in your laboratory manual.

1. _____

2. _____

3. _____

4. _____

5. _____

6. _____

DICTEE

You will now hear a passage spoken by Saïd, a native of North Africa, who works in a Renault factory. You will hear it twice: once in its entirety and a second time with pauses for you to write. Now listen to the passage.

_____

_____

_____

_____

_____

_____

_____

_____

_____

_____

COMPREHENSION

You will now hear a passage on immigrants in France. It will be read twice. Listen carefully, then answer the five questions in your laboratory manual by circling the correct responses.

1. Quel pourcentage de la population de la France est-ce que les immigrés représentent?
   a. moins de 10%   b. 10%   c. plus de 10%

2. Quel continent est le mieux représenté en France?
   a. l'Europe   b. l'Afrique   c. l'Amérique

3. Les immigrés ne sont pas responsables de quel problème, selon les Français?
   a. le chômage   b. la criminalité   c. l'inflation

4. La famille immigrée typique a environ combien d'enfants?
   a. 2   b. 3   c. 4

5. Quelle opinion des Français est vraie?
   a. Les immigrés ont plus d'enfants que les Français.
   b. Ils sont responsables de la criminalité.
   c. Ils prennent le travail des Français.

REVISION F

Chapitres 16 à 18

ACTIVITE

You will hear six questions, each read twice. Write your answer to each question in your laboratory manual.

1. _____

_____

2. _____

_____

3. _____

_____

4. _____

_____

5. _____

_____

6. _____

_____

DICTEE

You will now hear a passage in French about a student who wants to study in Lausanne, Switzerland. You will hear it twice: once in its entirety and a second time with pauses for you to write. Now listen to the passage.

_____

_____

_____

_____

_____

_____

_____

_____

_____

_____

COMPREHENSION

You will now hear a paragraph in French about Fatima, a young French woman of Algerian origin. The paragraph will be read twice; it will then be followed by five statements, each read twice. Listen to the passage, then for each statement circle **V** for **vrai** or **F** for **faux** in your laboratory manual.

1. V F   2. V F   3. V F   4. V F   5. V F

Answer Keys

TRAVAUX ECRITS

Chapitre préliminaire

FRENCH SPELLING

English equivalent	Spelling differences:	French	English
1. professor		eu	o
2. incompetent		é	e
3. chocolate		t	te
4. bank		que	k
5. address		d	dd
		sse	ss
6. salad		de	d
7. classic		que	c
8. rapid		de	d
9. appetite		é	e
		tit	tite
10. apartment		pp	p
		te	t
11. hospital		ô	os
12. laboratory		oire	ory

Chapitre 1

I. NOUNS AND DEFINITE ARTICLES

A.

1. le professeur
2. les crayons
3. les livres
4. les pages
5. l'étudiante
6. le bureau
7. le café
8. les enfants
9. l'hôtel
10. les hommes
11. le cadeau
12. l'autobus

B.

1. les affiches
2. les radios
3. les femmes
4. les amies
5. les bureaux
6. les fenêtres

C.

1. le crayon
2. l'enfant
3. la clé
4. le cours
5. l'ami
6. l'alphabet

II. SUBJECT PRONOUNS AND -ER VERBS

A.

1. tu joues
2. Patricia joue
3. nous jouons
4. elles jouent
5. vous jouez
6. je joue
7. Pierre et Isabelle jouent
8. il joue

B.

1. j'écoute
2. on danse
3. nous étudions
4. tu fumes
5. elles mangent
6. vous travaillez

C.

1. L'étudiante continue le dialogue.
2. Les étudiants aiment le français.
3. Nous parlons bien.
4. Vous terminez les livres.
5. On mange beaucoup.

III. YES-OR-NO QUESTIONS

A.

1. Est-ce que Jacques aime le livre?
2. Est-ce que vous habitez en France?
3. Est-ce qu'ils écoutent les disques?
4. Est-ce qu'elle étudie beaucoup?
5. Est-ce que Philippe joue avec les enfants?
6. Est-ce qu'elles habitent à Paris?

B.

1. Vous parlez français, n'est-ce pas?
2. Tu fumes beaucoup, n'est-ce pas?
3. On mange bien ici, n'est-ce pas?
4. Elle termine la leçon, n'est-ce pas?
5. Je chante bien, n'est-ce pas?
6. Ils regardent la carte, n'est-ce pas?

C.   [Answers will vary.]

IV. NUMBERS FROM 0 TO 20

A.

1. zéro
2. deux
3. cinq
4. huit
5. dix
6. onze
7. treize
8. quinze
9. seize
10. dix-neuf

B.

1. un plus neuf font dix *or* un et neuf font dix
2. trois plus quatre font sept
3. six plus sept font treize
4. vingt moins quatorze font six

5. dix-huit moins onze font sept
6. douze moins dix font deux

ECRIVONS

[Answers will vary.]

Chapitre 2

I. NEGATION

A.

1. Ils ne travaillent pas ici.
2. Elle n'invite pas la cousine de Patricia?
3. Nous ne détestons pas le grand-père de Chantal.
4. Je n'aime pas Paris.
5. Tu ne chantes pas bien.
6. Vous n'étudiez pas avec la sœur de Jacques?

B.

1. Nous étudions à Montréal. (Nous n'étudions pas à Montréal.)
2. Je travaille beaucoup. [Answers will vary.]
3. Nous étudions l'anglais en cours. (Nous n'étudions pas l'anglais en cours.)
4. J'adore le jazz. [Answers will vary.]
5. Le prof parle anglais avec les étudiants. (Le prof ne parle pas anglais avec les étudiants.)
6. Nous aimons fréquenter les boîtes. [Answers will vary.]
7. Les garçons écoutent les disques de Céline Dion. [Answers will vary.]
8. Tu habites à l'université. [Answers will vary.]

C.

1. Il ne joue pas.
2. Il ne mange pas.
3. Il n'étudie pas.

4. Il ne danse pas.
5. Il ne travaille pas.
6. Il ne chante pas.

D.   [Answers will vary.]

II. ETRE / ETRE AND OCCUPATION OR NATIONALITY

A.

1. Elle est américaine.
2. Tu n'es pas journaliste.
3. Nous sommes français, n'est-ce pas?

4. Tu n'es pas médecin, Jacqueline.
5. Je suis architecte.
6. Vous êtes allemand(e)(s).

B.

1. Je suis auteur / écrivain.
2. Elle est ici.
3. Nous sommes avec les jeunes gens.

4. Patricia est en cours d'anglais.
5. Les artistes sont au café.
6. Ils ne sont pas diplomates.

III. DESCRIPTIVE ADJECTIVES

A.

1. Le français est difficile.
2. Les enfants sont charmants.
3. Nous sommes malades.
4. La leçon est facile.
5. La porte est fermée.
6. Elles sont fatiguées.
7. L'université est ancienne.
8. La musique classique est ennuyeuse.

B.

1. Les ingénieurs sont compétents.
2. Les garçons ne sont pas sérieux.
3. Les questions sont stupides.
4. Les petites amies de Patrick sont françaises.
5. Les match(e)s de football sont fascinants.
6. Les femmes sont généreuses.
7. Les copains de Paul sont studieux.
8. Les agents de police ne sont pas polis.

C.

1. La femme riche...
2. Les acteurs ambitieux...
3. La journaliste compétente...
4. Les enfants indépendants...
5. Les filles modernes...
6. Le garçon paresseux...

D. [Answers will vary.]

IV. NUMBERS FROM 21 TO 69 / ORDINAL NUMBERS

A.

1. vingt-deux et quinze font trente-sept *or* vingt-deux plus quinze font trente-sept
2. trente et un moins dix font vingt et un
3. trente-neuf divisé par trois font treize
4. vingt et un multiplié par deux font quarante-deux
5. cinquante-quatre et quinze font soixante-neuf
6. soixante-huit divisé par quatre font dix-sept

B.

1. premier (-ère)
2. neuvième
3. onzième
4. quinzième
5. vingtième
6. vingt-sixième
7. trente et unième
8. quarante-deuxième
9. cinquantième
10. cinquante-huitième

C.

soixante-sept francs
cinquante et un francs
quarante-six francs

ECRIVONS

[Answers will vary.]

314

Chapitre 3

I. INDEFINITE AND PARTITIVE ARTICLES

A.

1. de l'eau
2. un frère
3. de la confiture
4. du beurre
5. des légumes
6. un / du fromage
7. du lait
8. des nièces
9. une cousine
10. des boissons
11. une / de la soupe
12. un hamburger

B.

1. Tu désires / Vous désirez de la bière?
2. Nous ne mangeons pas de viande; nous aimons les légumes.
3. Voici du sel.
4. Tu commandes / Vous commandez de l'agneau ou du poulet avec le couscous?
5. Elle regarde des photos ou des cartes?
6. Il ferme les fenêtres.

C. [Answers will vary but should include indefinite and partitive articles.]

II. THE IRREGULAR VERB **AVOIR** / EXPRESSIONS WITH **AVOIR**

A.

1. avez   2. as   3. a   4. ont   5. ai   6. avons

B.

1. Monique a du talent.
2. Les étudiants n'ont pas de cours.
3. Est-ce que vous avez un frère?
4. Pierre a seize ans.
5. Nous n'avons pas faim; nous avons soif!
6. Il y a du / un jus de fruit sur la table.

C.

1. Les enfants ont des disques.
2. Vous avez du pain.
3. Le mari a du vin rouge.
4. Les grands-parents ont des photos.
5. J'ai du thé.
6. Est-ce que tu as des cousins?

D. [Possible answers]

1. Elle a faim.
2. Ils n'ont pas soif.
3. Il a froid.
4. Elle n'a pas vingt et un ans.
5. Ils ont chaud.
6. Il a tort.

E.

1. Est-ce qu'elle a raison?
2. Tu as froid?
3. Il a chaud.
4. Nous n'avons pas de café.
5. Est-ce qu'il y a de la glace?
6. Quel âge avez-vous / as-tu?

III. USE OF ARTICLES

A.

1. le lait   du lait
2. le sucre   du sucre
3. la pizza   de la pizza
4. l'eau   de l'eau

5. les légumes   des légumes
6. le vin   du vin
7. le thé   du thé
8. le café   du café

B.

1. la
2. de l'
3. la
4. de
5. de la
6. le
7. le... de la (une)
8. le

C. [Answers will vary.]

IV. THE IMPERATIVE

A.

1. écoute   écoutez   écoutons
2. continue   continuez   continuons
3. n'étudie pas   n'étudiez pas   n'étudions pas
4. commence   commencez   commençons
5. aie   ayez   ayons
6. sois   soyez   soyons

B.

1. Ne mange pas de pain.
2. Etudions avec Maude.
3. Ne fumez pas ici.
4. Ne regarde pas la télévision aujourd'hui.
5. Soyez prudentes.
6. Parlons anglais en cours.

C. [Answers will vary.]

ECRIVONS

[Answers will vary.]

REVISION A Chapitres 1 à 3

A.

1. L'auteur
2. garçon
3. boissons
4. boîtes
5. un avocat
6. cousin
7. fenêtre, froid
8. avez

B.

1. d   2. h   3. b   4. e   5. g   6. c   7. a   8. f

C.

1. g   2. b   3. h   4. c   5. f   6. d   7. e   8. a

D. & E.   [Answers will vary.]

Chapitre 4

I. A AND DE WITH DEFINITE ARTICLES

A.

1. au
2. de la
3. l'
4. du
5. aux / des / avec
6. du
7. le
8. dans la
9. du
10. des

B.

1. Jacques est dans la maison.
2. Marie est devant la voiture.
3. L'enfant est sous la table.
4. Eric est à côté de / derrière la table.
5. M. Belcour est derrière la femme.
6. L'agent de police est au coin de la rue.

C.   [Answers will vary.]

II. ALLER / THE FUTUR PROCHE

A.

1. Comment ça va?
2. Nous allons bien.
3. Allez-y!
4. On y va?

B.

1. Il va habiter à Montréal.
2. Nous allons arriver en classe ensemble.
3. Le professeur ne va pas donner de devoirs.
4. Je vais voyager avec Jacqueline.
5. Vous allez être fatigués?
6. Tu ne vas pas avoir froid?

C.

1. Marie va étudier le français.
2. Le prof va voyager.
3. Les parents de Julie vont inviter des cousins.
4. Les camarades de Chantal vont aller à la bibliothèque.
5. Charles va regarder la télé.
6. Je vais visiter le musée.

D.   [Possible answers]

1. Il va manger.
2. Ils vont aller au café.
3. Je vais regarder un match de football.
4. Nous allons être fatigués.
5. Elles vont aller au cinéma.
6. Vous n'allez pas travailler.

E.   [Answers will vary.]

III. ARTICLES AND PREPOSITIONS WITH PLACE NAMES

A.

1. en	3. en	5. Le	7. au	9. Au
2. l' / le	4. à	6. au	8. en	10. Le / en

B.

1. Nous allons visiter l'Italie.
2. A Paris on trouve des restaurants mexicains.
3. Le Danemark et le Portugal sont en Europe.
4. Marc et Pierre vont à La Havane.
5. Il y a des Français au Canada.
6. Le Mozambique et le Sénégal sont en Afrique.

C.

1. Il habite en Espagne.
2. Elle habite en Angleterre.
3. Elle habite en Italie.
4. Il habite en Allemagne.

5. Il habite au Brésil.
6. Elle habite en France.
7. Elle habite aux Etats-Unis.
8. Il habite au Canada.

D.   [Answers will vary.]

IV. NUMBERS FROM 70 TO 1,000,000,000

A.

soixante-quinze
sept cent soixante-dix-sept
neuf cents
quinze mille cinq cent quatorze
cent vingt trois mille quatre cent soixante
un milliard deux cent quarante six millions sept cent quatre-vingt-neuf
   mille deux cent cinquante-trois

B.

1. Soixante-douze et quatre-vingt-dix-sept font cent soixante-neuf.
2. Quatre-vingt-quatre et quatre-vingt-quatorze font cent soixante-dix-huit.
3. Cent moins seize font quatre-vingt-quatre.
4. Deux cent seize moins dix-huit font cent quatre-vingt-dix-huit.
5. Quatre cent quatre-vingt-cinq moins quatre-vingt-seize font trois cent quatre-vingt-neuf.
6. Dix mille deux cent quinze et cent cinquante quatre mille huit cent soixante-sept font cent soixante cinq mille quatre-vingt-deux.

C.

1. trois cent onze
2. cinq cent quatre-vingt-un
3. six cent soixante-quinze

4. sept cent quarante-huit
5. neuf cent soixante et onze
6. neuf cent quatre-vingt-quinze

318

D.

1. On va de Gaillac à Montauban par la route quatre-vingt-dix-neuf.
2. On va de Lautrec à Graulhet par la route quatre-vingt-trois.
3. On va de Perpignan à Argelès par la route cent quatorze.
4. On va de Lourdes à Pau par la route six cent trente-sept.
5. On va de Fleurance à Condom par la route six cent cinquante-quatre.
6. On va de Toulouse à Albi par la route quatre-vingt-huit.

E.

1. cinquante sept millions de Français
2. deux cent quarante millions d'Américains
3. un milliard de francs
4. trois mille cinq cents francs
5. mille étudiants
6. cent mille livres

ECRIVONS

[Answers will vary.]

Chapitre 5

I. THE VERB FAIRE

A.

1. Est-ce que vous faites des achats?
2. Nous faisons des courses en France.
3. Paul fait la queue devant le magasin.
4. Il ne fait pas chaud; Paul porte un manteau.
5. Voilà des chaussures pour faire du sport.
6. Fais / Faites attention! Les vêtements sont chers en Europe.

B. [Possible answers]

1. Je fais la grasse matinée.
2. Je fais le ménage.
3. Je fais la queue.
4. Je fais des courses.
5. Je fais une promenade.
6. Je fais un régime.

C. [Possible answers]

1. Il fait le ménage.
2. Elle fait la grasse matinée.
3. Il fait la vaisselle.
4. Ils font une promenade / un tour.
5. Il fait la cuisine.
6. Il fait frais / mauvais.

D.

1. Je déteste faire le ménage.
2. Vous allez / Tu vas faire la vaisselle?
3. Non, Catherine et moi, nous allons faire des courses.
4. Il ne fait pas trop chaud?
5. Non, les Morin font une promenade maintenant.
6. Ils ne font pas de régime.

II. THE **PASSE COMPOSE**

A.

1. J'ai emporté des vêtements de plage.
2. L'imperméable de Marc a coûté très cher.
3. Tu as porté une cravate tous les jours?
4. J'ai cherché une chemise blanche.
5. Vous avez apporté un maillot de bain?
6. J'ai trouvé les lunettes de soleil de Christine dans la voiture.

B.

1. Hier, il a étudié à la bibliothèque.
2. Nous avons fait un tour la semaine dernière.
3. Vous avez fait du sport l'été dernier?
4. Ils ont déjà terminé les bagages.
5. J'ai eu des amis à la maison le week-end dernier.
6. L'année dernière, elles ont été en vacances en Europe.

C. [Answers will vary.]

III. POSSESSIVE ADJECTIVES

A.

1. mon	4. son	7. nos	10. ma
2. tes / vos	5. leurs	8. ta / votre	11. mon
3. son	6. ta / votre	9. notre	12. son

B.

1. J'ai trouvé ses chaussures.
2. Elle a son pyjama.
3. Leurs chaussettes sont dans le sac.
4. Regardez sa veste.
5. Je vais chercher sa ceinture.
6. Tu aimes son chemisier.

C. [Answers will vary.]

1. Ma couleur préférée est le _____ .
2. Mes restaurants préférés sont _____ .
3. Mon livre préféré est _____ .
4. Ma boisson préférée est _____ .
5. Mon film préféré est _____ .
6. Mon actrice préférée est _____ .

IV. STRESSED PRONOUNS

A.

1. Moi   2. Elle   3. eux   4. toi   5. Nous   6. moi

B.

1. eux / elles   2. nous   3. lui   4. eux / elles   5. nous   6. toi

C.

1. Moi, je vais porter mes lunettes de soleil. Et toi / vous?
2. Moi? Je vais travailler.

3. Suzanne, elle, elle va porter une jupe bleue.
4. Tu ne vas pas / Vous n'allez pas aller avec eux?
5. Non, ils vont aller en France sans moi.
6. Mais je vais penser à eux!

ECRIVONS

[Answers will vary.]

Chapitre 6

I. THE **PASSE COMPOSE** WITH **ETRE**

A.

1. Victor Hugo est allé à Jersey et à Guernesey.
2. Voltaire est allé près de la Suisse.
3. De Gaulle est allé en Angleterre.
4. Baudelaire est allé en Belgique.
5. Napoléon est allé à Sainte-Hélène.
6. Gauguin est allé à Tahiti.

B.

1. Sinead O'Connor est née en Irlande.
2. Juan Carlos est né en Espagne.
3. Sophia Loren est née en Italie.
4. Catherine Deneuve est née en France.
5. Quincy Jones est né aux Etats-Unis.
6. Jacques Brel est né en Belgique.
7. Jean-Paul II est né en Pologne.

C.

1. Laure est arrivée de Belgique en train.
2. Moi, je suis resté(e) à Paris.
3. Nous sommes monté(e)s à la tour Eiffel.
4. Ses parents sont allés en Espagne.
5. Ils sont rentrés à 3 heures.
6. Nous, nous ne sommes pas allé(e)s en vacances cette année.

D.

1. Mon fils est né à Montréal.
2. Il a commencé à l'école à 6 ans.
3. Nous sommes allés en France en bateau l'année dernière.
4. Mon enfant est resté à Paris trois ans.
5. Nous sommes rentrés au Canada à 9 heures.
6. Ma famille a fait un voyage en Europe l'été dernier.

E.

1. Vous êtes allé(e)(s) en France cette année?
2. Oui, nous sommes arrivé(e)s au début des vacances.
3. Et nous ne sommes pas resté(e)s à Paris.
4. Nous avons visité beaucoup de villes.

5. Nos amis sont allés avec nous.
6. Ils ont fait le voyage en autocar.
7. Nous sommes montés en Hollande ensemble.
8. Nous sommes rentrés par Londres.

F. [Answers will vary.]

II. INVERSION AND INTERROGATIVE ADVERBS

A.

1. Adorent-ils les voyages en bateau?
2. N'est-elle pas allée à la gare en taxi?
3. Montez-vous souvent en avion?
4. Faites-vous vos valises?
5. Pierre n'arrive-t-il pas de New York en train?
6. Les Américains vont-ils en Europe en bateau?

B.

1. Où Sylvie est-elle née?
2. Combien d'enfants a-t-elle?
3. Comment va-t-elle au travail?
4. Pourquoi son mari reste-t-il à la maison?
5. Quand vont-ils aller voir leurs parents?
6. A quelle heure vont-ils arriver chez eux?

III. -RE VERBS

A.

1. On attend nos amis.
2. Oui, nous entendons le téléphone.
3. Non, Pierre a déjà répondu.
4. Non, ils vont rendre le film plus tard.
5. Non, ils ont perdu le CD.
6. Oui, j'ai entendu Christine dire cela.

B.

1. vendre
2. a rendu
3. a entendu
4. attends
5. entends
6. avons perdu

IV. TELLING TIME

A.

1. midi et quart
2. une heure vingt-cinq de l'après-midi
3. six heures et demie du soir
4. minuit moins le quart
5. quatre heures dix du matin
6. dix heures moins vingt-cinq du matin

B.

1. minuit
2. six heures et quart du matin
3. midi et demi
4. quatre heures moins le quart de l'après-midi
5. six heures une du matin
6. minuit moins cinq

ECRIVONS

[Answers will vary.]

REVISION B Chapitres 4 à 6

A.

1. la banque
2. la librairie
3. hôtel
4. bibliothèque
5. la gare
6. l'hôtel

B.

1. vaisselle
2. librairie
3. la grasse matinée
4. en avance / à l'heure
5. cravate
6. pied / minuit

C.

1. loin de
2. devant
3. pas encore
4. sans
5. faire un régime
6. premier
7. peu
8. demain
9. sous
10. oublier

D.

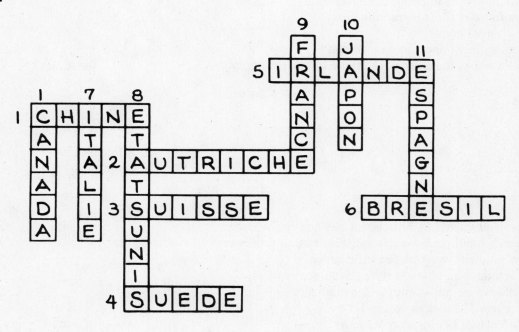

Chapitre 7

I. INTERROGATIVE AND DEMONSTRATIVE ADJECTIVES

A.

1. Quelle   ce
2. Quel   ce   ci / là
3. quelle   cette   ci / là
4. quelles   ces
5. quel   ce   ci / là

6. Quel   ce   ci / là
7. Quels   ces   ci / là
8. quel   cet   ci / là

B.

1. A quelle heure est-ce que Marie est arrivée?
2. Quel Walkman cherchez-vous?
3. Quel âge Louise a-t-elle?
4. Quelle ville allez-vous visiter?
5. A quel appartement êtes-vous allés?
6. Quelles voitures aimez-vous?
7. Quelle maison habitent-elles?
8. Quels vêtements aimez-vous mieux?

C. [Possible answers]

1. Quels acteurs admirez-vous?
2. Quel film allez-vous regarder cet après-midi?
3. Quel pays fait des films extraordinaires?
4. Vous êtes à quel hôtel?
5. Les critiques dînent dans quel restaurant?
6. Dans quelle université avez-vous étudié la cinématographie?

II. -IR VERBS

A.

1. servez	3. dort	5. réfléchissons
2. réussir	4. obéit	6. rougit

B.

1. Les mauvais étudiants ne réussissent pas aux examens.
2. Les étudiants intelligents ne désobéissent pas au professeur.
3. Réfléchissez quand vous passez un examen!
4. Finissez vos devoirs et après sortez avec vos amis!
5. Les professeurs ne punissent pas les étudiants.
6. On ne sert pas d'alcool au restau-U.
7. Dormez-vous huit heures tous les jours?
8. Vous n'avez pas encore choisi une profession?

C. [Answers will vary.]

III. INTERROGATIVE PRONOUNS

A.

1. Qui est-ce qui est arrivé?
2. Qui allez-vous inviter?
3. Qu'avez-vous fait?
4. Qu'est-ce qui est arrivé? [only possible question]
5. Qui a téléphoné?
6. Qu'est-ce qu'ils vont faire?

B.

1. Qui est monté dans sa chambre?
2. Qu'est-ce qu'il cherche?
3. Qu'est-ce qui est sur son bureau?
4. A qui téléphone-t-il?
5. Que fait-il?
6. Qui est-ce qu'elle adore?
7. Qu'est-ce qu'elle a laissé chez ses copines?
8. A quelle heure va-t-elle arriver chez lui?

C. [Answers will vary.]

IV. POUVOIR AND VOULOIR

A.

1. Les enfants ne veulent pas obéir.
2. Robert ne peut pas finir son déjeuner.
3. Marie veut jouer dans la rue.
4. Nous ne pouvons pas trouver les clés de Robert.
5. Tu peux téléphoner à ta mère?
6. Je veux laisser nos enfants chez nos amis.

B.

1. Qui est-ce qui a voulu aller au concert?
2. Nous n'avons pas voulu rentrer après minuit.
3. Marie n'a pas voulu sortir avec nous.
4. Est-ce que tu as pu partir en avance?
5. Nous avons voulu être à l'heure.
6. Quels amis n'ont pas pu aller avec nous?

C. & D. [Answers will vary.]

ECRIVONS

[Answers will vary.]

Chapitre 8

I. THE WEATHER (LA METEO)

A.

1. Aujourd'hui il fait de l'orage.
2. A Nice, il va faire du soleil.
3. Elles ont eu froid à la plage.
4. Est-ce qu'il a fait bon hier?
5. Il fait frais ce soir.
6. Est-ce qu'il a beaucoup plu?

B.

1. faire
2. avoir
3. avons, avons
4. est
5. fait
6. sont
7. ai, fait
8. fait

C.

1. Il ne fait pas toujours beau ici.
2. Il a fait chaud l'année dernière.
3. Il fait du vent et il fait frais le matin.
4. Il fait du brouillard et il va pleuvoir cet après-midi.
5. Il va faire de l'orage demain.
6. Mais il va faire du soleil ce week-end.

D. [Answers will vary.]

II. SUIVRE / SUIVRE DES COURS

A.

1. suivent
2. fait, des
3. est
4. suit, de
5. faisons
6. suis

B.

1. Elles veulent faire du russe.
2. Est-ce que tu as étudié la philo?
3. Cette année, nous allons suivre un cours d'informatique.
4. J'étudie les maths.
5. Ma sœur fait de l'anglais ce trimestre.
6. Quand va-t-on suivre un cours de droit?

C.

1. français
2. anglais
3. espagnol
4. allemand
5. russe
6. grec
7. italien
8. latin

III. DIRECT OBJECT PRONOUNS: THIRD PERSON

A. [Negative answers also possible]

1. Oui, il les aime.
2. Oui, elle l'a trouvée.
3. Oui, il l'a suivi.
4. Si, nous les avons rencontrés.
5. Oui, il va l'étudier.
6. Si, je l'ai oublié.

B.

1. Je l'ai trouvé intéressant.
2. Nous l'utilisons souvent.
3. Jacqueline ne va pas l'emprunter.
4. Je l'ai prêtée à Françoise.
5. Ils ne peuvent pas l'acheter, ce traitement de texte.
6. Vous allez les aimer, ces tableurs?

C.

1. Je veux les regarder plus tard.
2. Non, il ne les a pas choisis.
3. Non, ils ne vont pas le chercher aujourd'hui.
4. Non, je ne veux pas l'ouvrir.
5. Oui, mais lui, il ne veut pas la prêter.
6. Je l'ai fait la semaine dernière.

D. [Answers will vary.]

IV. VOIR

A.

1. Voyez-vous souvent des films?
2. Oui, demain, je vais voir un film de Tavernier.
3. Demain, il ne va pas voir de film?
4. Qui est-ce qu'ils voient au cinéma?
5. Nous ne les avons pas revus.
6. Qu'est-ce que tu vois cet après-midi?

B.

1. prévoit	3. Avez, vu	5. Voyons	7. voyons
2. ai vus, ai, revus	4. revoir	6. Avez, prévu	8. voir

ECRIVONS

[Answers will vary.]

Chapitre 9

I. PRENOMINAL ADJECTIVES

A.

1. J'ai rencontré une jeune femme intéressante.
2. Elle porte toujours une belle robe rouge.
3. Elle aime les bons restaurants mexicains.
4. Elle adore visiter les vieilles villes italiennes.
5. Elle sort avec un jeune homme fascinant.
6. C'est un nouvel acteur français.

B. [Possible answers]

1. C'est un homme pauvre.
2. C'est une vieille maison.
3. C'est une nouvelle voiture.
4. C'est un grand imperméable.
5. C'est une jolie femme.
6. C'est un vieil homme.

C. [Possible answers]

1. C'est une mauvaise idée parce qu'il ne parle pas.
2. C'est une mauvaise idée parce qu'elle change souvent de mari.
3. C'est une mauvaise idée parce qu'il y a trop de gens.
   C'est une bonne idée parce que c'est un joli état.
4. C'est une mauvaise idée parce que c'est loin d'ici.
5. C'est une mauvaise idée parce que c'est un très mauvais acteur.
6. C'est une mauvaise idée parce qu'il est petit.

II. LE CALENDRIER

A.

1. le 16 février
2. le 20 mars
3. cinq
4. le 3 avril
5. le 29 mai
6. un dimanche
7. le 22 septembre; le 21 décembre
8. le 14 juillet

B.

1. Les touristes font des voyages en France en été.
2. On ferme les musées le mardi.
3. En août, les Français vont en vacances.
4. L'hiver dernier, il a fait froid.
5. Les magasins sont ouverts le dimanche matin.
6. Les enfants ont des vacances en février.

C.

1. le trente novembre dix-huit cent quarante-deux
2. le neuf avril dix-huit cent quatre-vingt-un
3. le vingt-sept juillet dix-huit cent quatre-vingt-quatre
4. le dix-huit février dix-neuf cent trente-huit
5. le vingt et un avril dix-neuf cent quarante-quatre
6. le treize juillet dix-neuf cent quatre-vingt-trois

D. [Possible answers]

1. le vendredi soir, le samedi après-midi, le dimanche après-midi
2. en hiver, au printemps et en été
3. le mardi, le dimanche
4. le vingt-cinq décembre, le quatorze février, le onze novembre

III. INDIRECT OBJECT PRONOUNS: THIRD PERSON

A.

1. Non, je lui demande où est le marché.
2. Je vais lui rapporter des épinards et des asperges.
3. Elle va leur donner du rôti de porc.
4. Non, elle va leur acheter des fraises.
5. Non, on va leur servir du jus de raisin.
6. Non, je vais lui rendre l'argent.

B.

1. lui
2. -le

3. le
4. lui

5. le
6. lui

C.

1. désobéit   Oui, il lui désobéit.
2. ont regardé   Non, ils ne l'ont pas regardée.
3. écoutent   Non, ils ne l'écoutent pas.
4. téléphonent   Non, ils ne leur téléphonent jamais.
5. parle   Oui, il lui parle de ses cours.
6. montrer   Il lui a déjà montré son examen.

IV. PRENDRE

A.

1. Je ne l'ai pas comprise.
2. Comprends-tu le russe?
3. Pourquoi prennent-ils ces livres?
4. Où a-t-elle appris cela?
5. Je vais l'apprendre demain.
6. Nous prenons de bonnes notes dans notre cours de socio.

B.

1. Il prend des fraises au petit déjeuner.
2. Est-ce que vous comprenez son anglais?
3. Vous prenez du pâté ou du saucisson?
4. Le soir il apprend l'espagnol aux agents de police.
5. Il va prendre l'avion pour rentrer chez lui.
6. Il n'a pas compris mon dernier examen.

C.

1. Les gens comprennent le breton.
2. On comprend le catalan.
3. Les Strasbourgeois comprennent l'alsacien.

4. On comprend l'occitan.
5. Ils comprennent le corse.
6. On comprend le basque.

D. & E.   [Answers will vary.]

ECRIVONS

[Answers will vary.]

REVISION C Chapitres 7 à 9

A.

1. prêter
2. répondeur
3. timbre
4. pendant
5. de l'orage
6. lecteur de disques compacts
7. Le ciel
8. plat

B.

1. la météo
2. le riz
3. un transistor
4. des cours
5. une crevette
6. l'informatique
7. le bureau de poste
8. le petit déjeuner

C.

1. italien
2. russe
3. grec
4. français et anglais
5. anglais
6. espagnol
7. arabe
8. allemand

D.

1. psychologie
2. mathématiques
3. français
4. anthropologie
5. droit
6. journalisme
7. physique
8. sociologie

E. [The following words should be crossed out.]

1. poisson
2. marché
3. portefeuille
4. mandat
5. logiciel
6. poire

F.

1. Qu'est-ce que
2. Quelles
3. Qui est-ce que
4. Quand / Comment / Pourquoi / Avec qui
5. Qui / Qui est-ce qui
6. Quand / Avec qui / Pourquoi
7. Qui est-ce que / Qu'est-ce que
8. Qu'est-ce qui

G. [Answers will vary.]

Chapitre 10

I. SAVOIR AND CONNAITRE

A.

1. connaît
2. a connu
3. savent
4. ai, reconnu(e)
5. ne savons pas
6. sais
7. a connu(e)
8. sais

B.

1. sais
2. Savez
3. sais / connais
4. Savez
5. sait
6. sais
7. connaît
8. connaissons

C.   [Answers will vary.]

II. LE PASSE COMPOSE (REVIEW)

A.

1. êtes monté(e)(s)
2. est rentrée
3. a beaucoup plu
4. n'est pas tombée
5. sont partis
6. ont pu
7. sont nés
8. ont passés

B.

1. Ils sont rentrés à minuit hier soir.
2. J'ai laissé les clés dans mon imper.
3. Marc a pris ma voiture.
4. Vous êtes rentré(e)(s) seul(e)(s)?
5. Oui, Pierre est déjà descendu.
6. Nous avons passé six heures en voiture.

C. & D.   [Answers will vary.]

III. THE IMPERFECT

A.

1. Hier, il faisait beau et j'ai fait une promenade dans le parc.
2. Il y avait un café charmant; beaucoup de gens parlaient.
3. Je suis entré(e) dans le café et j'ai demandé un Coca.
4. Le garçon ne parlait pas français et il n'a pas compris.
5. Je suis sorti(e) du café et j'ai continué ma promenade.
6. Je suis arrivé(e) devant ma maison; il était six heures.

B.   [Answers will vary.]

C.

sommes allé(e)s
voulions
ne sommes pas entré(e)s
n'avions pas
faisait
sommes partis
a choisi
avons pris
sont arrivées
ne sont pas restées
étaient
sommes rentré(e)s

IV. VENIR / VERBS CONJUGATED LIKE VENIR / VENIR DE + *INFINITIVE*

A.

1. Mes parents viennent d'arriver.
2. Ils sont venus en train.
3. Ils tiennent à voir ma sœur.
4. Elle a obtenu de bonnes notes cette année.
5. Elle va devenir médecin.
6. Ces livres lui appartiennent.

B.

1. appartient
2. a obtenu
3. contient
4. tient
5. revenez
6. tenons
7. devenez
8. revenons

C. [Possible answers]

1. Mon cousin vient de tomber.
2. Vous venez de téléphoner.
3. Mes parents viennent de partir.
4. Ils viennent d'arriver en voiture.
5. Le touriste vient de perdre son passeport.
6. Le garçon vient d'apporter des boissons.

ECRIVONS

[Answers will vary.]

Chapitre 11

I. DIRECT AND INDIRECT OBJECT PRONOUNS (FIRST AND SECOND PERSONS)

A.

1. Il nous montre sa maison.
2. Elle ne m'a pas regardé(e) quand j'ai pris la photo.
3. Je vais t'emprunter cette photo.
4. Ne nous regarde pas comme cela.
5. Prêtez-moi vos lunettes.
6. Ils nous ont tout appris sur les Etats-Unis.

B.

1. Oui, elle m'a téléphoné.
2. Non, elle ne m'a pas invité au concert.
3. Non, elle ne va pas t'inviter.
4. Non, elle ne m'a pas expliqué pourquoi.
5. Si, elle nous aime.
6. Elle m'a téléphoné parce qu'elle est malheureuse.

C. [Answers will vary.]

II. THE SUBJUNCTIVE OF REGULAR VERBS AND OF **AVOIR** AND **ETRE**

A.

1. désobéisse
2. sortiez
3. sois
4. étudiez
5. aie
6. téléphonions
7. finissiez
8. ait

B.

1. Elle aime mieux que tu ne sois pas riche.
2. Je veux que tu invites beaucoup de gens.
3. Vous n'êtes pas content que nous soyons ici.
4. Nous désirons qu'elles n'oublient pas les gens pauvres.
5. Votre mère veut que vous ayez un emploi intéressant.
6. Voulez-vous que je vous donne de l'argent?

C. [Answers will vary.]

III. USES OF THE SUBJUNCTIVE

A.

1. soient
2. ont
3. sorte
4. invitiez
5. a
6. téléphoniez
7. descend
8. oubliez

B.

1. Je ne pense pas que mes voisins sortent souvent.
2. Nous pensons que mes voisins vont inviter des amis.
3. Nous n'aimons pas qu'ils dorment ici.
4. Ils ont peur que je téléphone après dix heures.
5. Il faut que mes voisins soient sympathiques.
6. Nous désirons qu'ils réussissent dans la vie.

C. [Answers will vary.]

ECRIVONS

[Answers will vary.]

Chapitre 12

I. BOIRE / RECEVOIR / DEVOIR

A.

1. Jacques reçoit un mandat.
2. Mes parents reçoivent une lettre.
3. Mon amie reçoit un colis / un paquet.
4. Mes frères reçoivent un télégramme.
5. Mon camarade ne reçoit rien.
6. Moi, je reçois un cadeau / colis / paquet.

B.

1. Non, il doit finir son ménage aujourd'hui.
2. Il a reçu sa commande.
3. Non, il va boire de l'eau minérale.
4. Oui, il doit de l'argent.
5. Tous ses amis boivent du vin blanc.
6. Oui, ils doivent apporter un dessert.

C. [Answers will vary.]

II. IRREGULAR VERBS IN THE SUBJUNCTIVE

A.

1. preniez
2. va
3. viens
4. pouvons
5. pleuve
6. doive
7. veuille
8. allez avoir

B.

1. Il faut que vous fassiez des courses.
2. Voulez-vous que nous prenions du pâté?
3. Je regrette que la marchande ne nous voie pas.
4. Il est certain que nous allons à la boulangerie aussi.
5. Je pense qu'ils veulent du café après leur promenade.
6. Il vaut mieux qu'on aille dans une brasserie.
7. Elle est sûre que vous pouvez trouver de la choucroute.
8. Il faut que je prenne l'autobus pour rentrer.

C. [Answers will vary.]

III. NEGATIVES

A.

1. Je n'ai rien vu au centre-ville ce matin.
2. Non, je n'ai plus soif.
3. Non, je ne veux rien manger.
4. Je n'ai rencontré personne au café.
5. Non, je ne viens jamais à cette brasserie.
6. Non, je ne veux payer que ma boisson.

B.

1. Il n'y a rien sur la table.
2. Non, personne ne descend.
3. Il n'y a plus de vin dans la bouteille.
4. Il n'y a que deux livres sur le bureau.
5. Je ne vois personne dans la voiture.
6. Paul n'a qu'une valise.

C. [Answers will vary.]

ECRIVONS

[Answers will vary.]

REVISION D Chapitres 10 à 12

A.

1. louez
2. une carte de crédit
3. appartient
4. possédez
5. charcuterie
6. buraliste
7. le vendeur / la vendeuse
8. une poissonnerie

B.

1. la réponse
2. suis heureux (-euse) / content(e)
3. ne... jamais
4. est en panne
5. Peu de gens / Personne ne
6. Il est peu probable / impossible
7. Il est peu probable / impossible
8. tout le monde

C.   [Answers will vary.]

D.

1. f   2. d   3. h   4. e   5. b   6. a   7. c   8. g

Chapitre 13

I. STEM-CHANGING VERBS

A.

1. appelez
2. préférons
3. ont achetée
4. enlève
5. promenez
6. a séché
7. Possédez
8. espère
9. inquiète
10. répète

B. & C.   [Answers will vary.]

II. REFLEXIVE VERBS: PRESENT TENSE, **FUTUR PROCHE,** AND THE INFINITIVE

A.

1. Milan se trouve en Italie.
2. Lisbonne se trouve au Portugal.
3. Trois Rivières se trouve au Québec. / au Canada.
4. Rio et Brasilia se trouvent au Brésil.
5. Dakar se trouve au Sénégal.
6. Casablanca se trouve au Maroc.

B.

1. Je me promène souvent?
2. Nous nous réveillons tôt mais nous ne nous levons pas.
3. Demain il va se reposer.
4. Est-ce que vous voulez de l'argent pour vous amuser?
5. Il peut se déshabiller avant le dîner?

6. J'aime me détendre l'après-midi.
7. Tu te rappelles son nom maintenant?
8. Ce soir il faut qu'il se couche de bonne heure.

C.

1. vous couchez-vous
2. se trouve
3. vous déshabiller

4. vous endormez
5. vous vous rappelez
6. me dépêche

7. vous inquiétez
8. vous promener

D.

1. Vous appelez-vous Napoléon?
2. Vous rappelez-vous votre nom?
3. Pourquoi vous déshabillez-vous dans la rue?
4. Est-il essentiel que vous vous laviez toutes les quinze minutes?
5. Où nous trouvons-nous maintenant?
6. De quoi vous inquiétez-vous souvent?

III. REFLEXIVE VERBS: **PASSE COMPOSE** AND IMPERATIVE

A.

1. Françoise ne s'est pas dépêchée pour aller au travail.
2. Elle ne s'est pas levée avant sept heures.
3. Elle s'est habillée dans sa chambre.
4. Elle s'est endormie devant son petit déjeuner.
5. Elle s'est trop amusée le soir.
6. Nous nous sommes inquiété(e)s pour rien.

B.

1. Le week-end, nous aimons nous détendre.
2. Le week-end dernier, nous avons dû nous lever tôt / il a fallu que nous nous levions tôt.
3. Amusons-nous à la plage!
4. Je me suis habillé(e) rapidement.
5. Dépêchez-vous, s'il vous plaît / Dépêche-toi, s'il te plaît.
6. Vous ne vous êtes pas rappelé le transistor.
7. Ne vous déshabillez pas sur la plage!
8. Où se trouvait votre voiture après votre journée à la plage?

C.   [Answers will vary.]

ECRIVONS

[Answers will vary.]

Chapitre 14

I. -IRE VERBS

A.

1. Tu ne sais pas lire.
2. Ton frère et toi, vous ne dites jamais la vérité.
3. Tes parents conduisent une vieille voiture.
4. Ne décrivez pas votre chambre, s'il vous plaît.
5. Tes sœurs traduisent tes devoirs en anglais.
6. Le magasin de ton père n'a rien produit l'année dernière.
7. Faut-il que tu dises des mensonges?
8. Quand nous étions en vacances, toute ta famille se conduisait comme des enfants.

B.

1. a écrit
2. a traduit
3. avons pas lu
4. a produit
5. décrit
6. disent / ont dit

C.

1. Je dis «Bonjour!»
2. Ils disent «Merci!»
3. Ils disent «Au revoir».
4. Ils disent «Bonne nuit».
5. Je dis «Entrez!»
6. Il dit «Allô».
7. Je dis «Dépêche-toi».
8. Nous disons «Ne t'inquiète pas!»

II. DEMONSTRATIVE PRONOUNS

A.

1. celle
2. celles
3. celles
4. celle
5. Celui
6. celui
7. ceux
8. ceux

B.

1. Non, je préfère celles de Molière.
2. Non, ils vont à celle de la ville.
3. Non, elle a choisi celui-là.
4. Je préfère ceux de Dickinson.
5. Donne-moi celle-là.
6. Non, ils connaissent ceux de Poe.

C.   [Answers will vary.]

1. *chocolat* (celui)
2. *pizza* (celle)
3. *politique* (celle)
4. *vêtements* (ceux)
5. *glace* (celle)
6. *équipe de base-ball* (celle)

III. POSSESSIVE PRONOUNS

A.

1. Ce sont les nôtres.
2. C'est le sien.
3. Ce sont les leurs.
4. C'est le tien?
5. Ce n'est pas le sien.
6. Ce sont les vôtres?
7. C'est la mienne.
8. Ce sont les leurs.

B.

1. Oui, c'est le sien.
2. Oui, ce sont les miennes.
3. Nous avons les vôtres / les siennes.
4. Elle a les leurs / les siennes.
5. Je parle des miens / des vôtres.
6. J'ai trouvé le mien / le sien.

C.   [Answers will vary.]

ECRIVONS

[Answers will vary.]

Chapitre 15

I. VERBS FOLLOWED BY INFINITIVES

A.

1. à   2. X, de   3. à   4. de   5. X   6. à   7. X, à   8. X

B.

1. Je n'ai pas réussi à me lever tôt.
2. Je n'avais pas envie d'aller à l'université.
3. Mes parents se sont amusés à me téléphoner à sept heures.
4. J'ai hésité à répondre.
5. Je n'aime pas prendre le petit déjeuner avant onze heures.
6. Mes frères ne m'ont pas laissé faire la grasse matinée.

C.

1. Il vaut mieux me téléphoner tôt.
2. Nous avons besoin de parler de ce problème.
3. Ma mère a réussi à vendre la maison.
4. J'espère la voir bientôt.
5. Mes parents adorent visiter cette ville.
6. Tiens-tu à inviter leurs amis?
7. Je préfère écouter ta femme.
8. Ton frère ne peut pas éviter de dire des bêtises.

D.   [Answers will vary.]

II. VERBS FOLLOWED BY NOUNS

A.

1. la, au   2. à   3. de   4. au, d'   5. X   6. A   7. de la   8. X

B.

1. Ne jouez pas au golf pendant la semaine.
2. Obéissez à la police.
3. Occupez-vous de vos affaires.

4. Dites toujours la vérité à vos amis.
5. Téléphonez souvent à vos parents.
6. Rendez visite à votre grand-père et à votre grand-mère pendant les vacances.

C.   [Answers will vary.]

III. THE PRONOUNS Y AND EN

A.

1. Oui, je leur ai téléphoné.
2. Non, ils n'y sont pas.
3. Oui, ils y sont allés.
4. Si, ils lui ont demandé d'en apporter.
5. Non, il n'y en avait plus.
6. Oui, ils en ont commandé.
7. Non, il en a apporté trois.
8. Oui, ils ont passé l'après-midi à parler d'eux.
9. Si, ils en ont été contents.
10. Oui, ils leur ont rendu visite.

B.

1. Non, je ne m'y intéresse pas.
2. Non, je n'y pense jamais.
3. Non, je n'en ai pas avec moi.
4. Non, je ne l'ai pas visitée. Non, je n'y suis jamais allé(e).
5. Non, je n'en ai pas pris beaucoup.
6. Non, je n'y tiens pas.

C.   [Answers will vary.]

ECRIVONS

[Answers will vary.]

REVISION E   Chapitres 13 à 15

A.

1. aux oreilles	3. étapes	5. pêche	7. s'agit
2. séché	4. enlève	6. ski	8. lecteurs

B.

1. tôt	3. Je préfère	5. se trouve	7. un métier
2. se promène	4. possède	6. une revue	8. cherché à

C.

1. Je me suis rappelé	3. vide
2. sont malades	4. bêtises

5. Nous nous endormons
6. ont tort de

7. a tenu à
8. échoues

D. [Possible answers]

une balle = le base-ball, le golf, le tennis, la pétanque
un ballon = le basket-ball, le football, le football américain, le rugby

E. [Answers will vary.]

Chapitre 16

I. THE RELATIVE PRONOUNS **QUI, QUE, OU**

A.

1. où
2. que / où
3. que
4. qui
5. qui
6. qu'
7. qu'
8. que
9. où
10. qui

B.

1. Voilà la viande qu'il a achetée.
2. Aimez-vous les gâteaux que je vous ai faits?
3. L'évier où j'ai fait la vaisselle est trop petit.
4. Ils aiment la tarte que nous avons préparée.
5. C'est moi qui ai rangé les affaires dans le frigidaire.
6. La cuisine est la pièce où les enfants se sont amusés.

C.

1. Il a eu la chambre qu'il voulait.
2. J'aime la chaîne stéréo qu'il a empruntée.
3. Il va aller danser avec une fille qui habite dans la résidence.
4. Il a perdu la clé que je lui ai prêtée.
5. Nous avons visité l'université où sa sœur est étudiante.
6. Ils regardent un film qui est fascinant.
7. Donnez-moi le stylo qui est sur la table de nuit.
8. Voilà le canapé où Daniel a dormi.

D.

1. Ce sont les meubles que j'ai choisis.
2. C'est vous qui vendez cet appartement?
3. C'est là où vous allez tous les soirs?
4. C'est Mme Vincent qui est la concierge de cet immeuble.
5. C'est moi qui vais demander le prix du loyer.
6. C'est la cuisine que nous n'avons pas utilisée.

340

II. CONDITIONAL MOOD

A.

1. réussirais
2. dirais
3. devrais
4. Pourrais
5. ferait
6. m'inquiéterais
7. sécheraient
8. verrais
9. aurions
10. Voudrais

B.

1. Je voudrais un verre de lait.
2. Il faudrait que tu prépares mon dîner.
3. Pourriez-vous me passer le bifteck?
4. Nous voudrions manger maintenant.
5. Voudriez-vous utiliser la machine à laver?
6. Pourrais-tu attendre après dîner?

C. & D.   [Answers will vary.]

III. EXPRESSING TIME WITH **PENDANT, DEPUIS,** AND **IL Y A**

A.

1. il y a
2. en
3. Il y a / Voilà
4. dans
5. depuis
6. pendant / X

B.

1. Nous habitons rue de Rome depuis dix ans.
2. J'ai la chambre de ma sœur qui est allée à Genève il y a trois ans.
3. Dans un mois, elle reviendra travailler en ville.
4. Nous avons habité au premier étage pendant six ans.
5. Je ne connais mes voisins que depuis six mois.
6. Je voudrais partir de la maison dans un an.

C.   [Answers will vary.]

ECRIVONS

[Answers will vary.]

Chapitre 17

I. THE FUTURE TENSE

A.

1. Ma famille ira au Québec.
2. Nous prendrons l'avion à quatorze heures.
3. Nous arriverons à Montréal à seize heures trente.
4. Je verrai la vieille ville.
5. Ma sœur pourra parler français.
6. On s'amusera bien.

B.

1. Je passerai plus de temps dans la nature.
2. Je m'occuperai du jardin.
3. Je lirai beaucoup d'articles sur la pluie acide.
4. Mes amis et moi, nous ferons plus attention au recyclage.
5. L'été, nous construirons des appartements pour les sans-logis.
6. Nous nous intéresserons aux problèmes écologiques.

C. [Answers will vary.]

II. SI CLAUSES

A.

1. Si tu me téléphones, je ferai une promenade avec toi.
2. Nous pourrons aller à la campagne si tu loues une voiture.
3. S'il ne pleut pas, on prendra les petits chemins.
4. Si on passe par Trois-Rivières, on pourra descendre dans un petit hôtel sympathique.
5. Si tu laisses le pourboire, moi, je payerai les boissons.
6. S'il y a des bateaux à louer, on se promènera sur la rivière.

B.

1. Si nous y allons en automne, il y aura moins de touristes.
2. Si nous prenons l'avion, nous arriverons à Mirabel.
3. Prenez la navette si vous n'avez pas assez d'argent pour un taxi.
4. Téléphonez à mes amis dès que vous arriverez en ville.
5. Si vous voulez étudier le français, il faudra que vous alliez à l'université de Montréal.
6. Allez au château Frontenac si vous voulez voir le fleuve.

C.

1. S'ils ne viennent pas, je les appellerai demain.
2. S'ils voient cette maison, ils la reconnaîtront.
3. Aussitôt qu'ils arriveront, nous jouerons aux cartes.
4. Ils seront surpris s'ils voient notre maison.
5. Nous pourrons aller à la plage aussitôt qu'ils en auront envie.
6. S'ils s'amusent bien, ils reviendront l'année prochaine.

D. [Answers will vary.]

III. METTRE / VERBS CONJUGATED LIKE METTRE

A.

1. as-tu mis	3. remettions	5. promettez	7. mets
2. Promets	4. remettre	6. permet	8. nous mettons

B.

1. Permettez-moi de vous présenter Paul.
2. Où est-ce que je mets mon manteau?
3. Quand pouvons-nous nous mettre à manger?

4. J'ai promis de payer le repas.
5. Ne permettez pas aux enfants d'embêter les autres.
6. Il vaut mieux que je remette mon manteau.

C. [Answers will vary.]

ECRIVONS

[Answers will vary.]

Chapitre 18

I. ADVERBS

A.

1. J'ai travaillé lentement.
2. J'ai rencontré mon camarade ici.
3. Je vais rentrer bientôt.
4. Nous avons appris beaucoup de poèmes ce semestre.
5. J'ai choisi mes cours prudemment.
6. J'ai déjà fini mes cours.

B. [Possible answers]

1. Répondez-vous méchamment? Non, je réponds poliment.
2. Parlez-vous bêtement? Non, je parle intelligemment.
3. Recevez-vous vos amis froidement? Non, je reçois mes amis chaudement.
4. Vous détendez-vous peu? Non, je me détends souvent.
5. Avez-vous déjà terminé? Non, je n'ai pas encore terminé.
6. Part-il demain? Non, il est parti hier.

C. [Answers will vary.]

II. THE FRENCH EQUIVALENTS OF *GOOD* AND *WELL, BAD* AND *BADLY*

A.

1. bon	3. mauvaises	5. mal
2. mieux	4. mieux	6. meilleur

B.

1. Marc enseigne bien.
2. Sartre écrivait bien.
3. Anne et Marie sont de bonnes étudiantes.
4. Robert est un bon acteur dans son dernier film.
5. Jean joue bien au football.
6. Mon père écrit bien des poèmes.

C. [Answers will vary.]

III. THE COMPARATIVE AND SUPERLATIVE

A.

1. Mon chien est plus méchant que celui de ma copine.
2. Le cheval n'est pas aussi rapide que le chacal.
3. Les vaches mangent plus que les lapins.
4. Les chats sont moins intelligents que les chiens.
5. Les poules ont autant de dents que les canards.
6. Les coqs chantent aussi bien que les oiseaux.
7. Les moutons mangent moins que les cochons.
8. Quel est le plus rapide de tous les animaux?

B.

1. Il fait la cuisine aussi bien que son père.
2. Son français est moins bon que le mien.
3. Elle a plus de patience que vous.
4. Jean est le plus sérieux de l'université.
5. Pierre a plus de copains que moi.
6. Michel est moins sincère que Véronique.

C.

1. Je suis le plus bel enfant de ma famille.
2. J'ai la meilleure voiture de la ville.
3. Elle a moins d'amies que moi.
4. Vos / Tes vêtements coûtent moins que les miens.
5. J'ai beaucoup plus de talent qu'elle.
6. Ma chambre est la plus grande de la résidence.

D. & E.   [Answers will vary.]

ECRIVONS

[Answers will vary.]

REVISION F Chapitres 16 à 18

A.

1. canapé / divan	4. donne sur	7. l'armoire
2. le four à micro-ondes	5. pièces	8. propriétaires
3. mettent / ont mis	6. étage	

B.

1. construire	3. quand	5. Voilà	7. remis
2. aussitôt qu'	4. me mettre à	6. se nomme	8. souvent

C.

1. diminue
2. gentil
3. affreuse
4. comprises
5. mettre
6. meilleur
7. déjà
8. Arrêtez

D.

1. où
2. meilleur, de
3. qui
4. aussi, que
5. autant de
6. mieux
7. plus d'
8. depuis plusieurs années
9. que
10. la plus mauvaise, de

E.

1. C'est la semaine la plus ennuyeuse des vacances.
2. Nous irons à la plage dès que nous serons prêts.
3. Je serais surpris(e) si nous mettions quatre heures pour y aller.
4. Votre / Ta voiture n'est pas aussi grande que la mienne.
5. Me permettrez-vous / permettras-tu de partir tôt?
6. Quelles valises avez-vous / as-tu mises dans la voiture?
7. Nous rentrerons quand il commencera à pleuvoir.
8. Il est plus difficile de conduire quand il fait mauvais.
9. C'est formidable! Voilà trois ans que je n'y suis pas allé(e).
10. Il y a douze ans ma famille a loué une maison près de ce fleuve / cette rivière.

F. & G.   [Answers will vary.]

MANUEL DE LABORATOIRE

Chapitre préliminaire

D.

1. English
2. English
3. French
4. English
5. French
6. English
7. French
8. French

Chapitre 1

III. YES-OR-NO QUESTIONS

A.

1. Q   2. S   3. S   4. Q   5. Q   6. S

IV. NUMBERS FROM 0 TO 20

1. cinq
2. trois
3. dix-sept
4. onze
5. treize
6. huit
7. quinze
8. vingt

DICTEE

1. Je m'appelle Philippe.
2. Tu parles français, n'est-ce pas?
3. Elles étudient la carte.
4. Il danse avec la femme, n'est-ce pas?
5. Quatre plus six font dix.

COMPREHENSION

1. b   2. c   3. b   4. a   5. b

Chapitre 2

II. ETRE / ETRE WITH OCCUPATION OR NATIONALITY

C.

1. Elle est professeur.
2. Elle est avocate.
3. Il est acteur.
4. Elle est journaliste.
5. Il est agent de police.
6. Il est musicien.

IV. NUMBERS FROM 21 TO 69 / ORDINAL NUMBERS

A.

1. 20
2. 63
3. 43
4. 55
5. 39
6. 21
7. 61
8. 58

B.

1. 1ère   2. 53   3. 5ème   4. 31   5. 21ème   6. 42

DICTEE

1. Jacques est toujours premier.
2. Ils sont malades.
3. Vous n'êtes pas américain, Gilles?
4. La mère de Chantal est médecin.
5. Je suis française et je parle anglais.

COMPREHENSION

1. a   2. a   3. c   4. c   5. a

Chapitre 3

IV. THE IMPERATIVE

C.   [Possible answers]

1. Bois un coca.
2. Mangez des légumes.
3. N'invite pas Marc.
4. Ecoute les disques de Bruce Springsteen.
5. Etudiez bien le français.
6. Ecoute la radio.

DICTEE

1. Marie et Sylvie mangent dans un restaurant tunisien.
2. Marie a soif; elle demande une bière.
3. Sylvie n'a pas soif; elle a faim.
4. Elle commande des gâteaux.
5. Elles n'ont pas beaucoup d'argent.

COMPREHENSION

1. c   2. a   3. b   4. b   5. a

REVISION A Chapitres 1 à 3

DICTEE

Luc et Marie sont des amis. Ils habitent à Paris. Luc travaille dans un café, et Marie est étudiante. Ils ont plusieurs amis américains et ils dînent souvent ensemble.

COMPREHENSION

1. Non, il est étudiant.
2. Non, il étudie l'anglais.

3. Non, il aime la salade et le fromage.
4. Non, il aime mieux le coca ou l'eau minérale.
5. Non, il étudie avec des amis.
6. Non, ils écoutent de la musique classique.

Chapitre 4

I. **A** AND **DE** WITH DEFINITE ARTICLES

A.

1. au   2. du   3. au   4. à l'   5. des   6. aux

C.

1. V   2. V   3. F   4. V   5. F   6. V

II. **ALLER** / THE **FUTUR PROCHE**

A.

1. motion
2. futur proche, motion
3. un autre verbe
4. un autre verbe
5. futur proche
6. futur proche

IV. NUMBERS FROM 70 TO 1,000,000,000

A.

1. 75	3. 89	5. 99	7. 102	9. 274	11. 500
2. 81	4. 95	6. 100	8. 151	10. 391	12. 544

B.

1. quatre-vingt-deux
2. trois cents
3. cinquante-sept millions
4. deux mille
5. quatre-vingt-neuf
6. deux cent cinquante

DICTEE

1. Les deux garçons cherchent un hôtel près des restaurants.
2. Le professeur va donner un examen difficile demain.
3. Il ne va pas en classe aujourd'hui parce qu'il est fatigué.
4. Elles vont voyager en France pour visiter des églises.
5. Il y a deux cents étudiants dans ma classe.

COMPREHENSION

1. F   2. V   3. V   4. F   5. F

Chapitre 5

I. THE VERB **FAIRE**

B.

1. Il fait beau.
2. Il n'aime pas faire le ménage.
3. Elle fait des devoirs.
4. Il fait la cuisine.
5. Il fait des courses.
6. Il fait la grasse matinée ce matin.

II. THE **PASSE COMPOSE**

A.

1. Past
2. Present
3. Future
4. Past
5. Past
6. Future
7. Present
8. Past
9. Future
10. Present

III. POSSESSIVE ADJECTIVES

B.

1. C'est ma chemise.
2. Ce sont mes chaussures.
3. C'est mon parapluie.
4. Ce sont mes valises.
5. Ce sont mes chaussettes.
6. Ce sont mes cravates.

DICTEE

1. Ma sœur et moi, nous aimons parler avec nos parents.
2. Nos parents, eux, aiment aller en Europe.
3. L'année dernière nous avons fait un voyage en France.
4. Ils ont fait des promenades et ont visité des musées.
5. Mais, moi, j'ai fait la grasse matinée.

COMPREHENSION

[Possible answers]

1. Non, elle a fait ses courses.
2. Ils ont mangé des sandwiches.
3. Ils ont fait une promenade en voiture.
4. Ils ont trouvé un parc.
5. Non, ils ont été chez leurs amis.

Chapitre 6

I. THE **PASSE COMPOSE** WITH **ETRE**

C.

1. Ma nièce est née la semaine dernière.
2. Elles sont montées dans un taxi.
3. Mes amis sont arrivés en retard.
4. Chantal est allée au musée.
5. Ils ont eu froid.
6. Nous sommes rentrés du Mexique.

III. -RE VERBS

C.

1. entendre
2. attendre
3. attendre
4. entendre
5. attendre
6. entendre

D.

1. J'entends un enfant.
2. J'entends une voiture.
3. J'entends un bateau.
4. J'entends une porte.
5. J'entends un train.
6. J'entends de la musique.

IV. TELLING TIME

B.

1.

2.

3.

4.

5.

6.

DICTEE

Caroline est montée dans l'avion à New York à l'heure et elle est arrivée à Paris un peu en avance. Elle a visité la ville avec ses amis le premier jour, mais le soir ils sont restés à la maison. Ses amis ont été très agréables et Caroline a eu une visite fantastique.

COMPREHENSION

1. Quand arrivez-vous à l'université? / A quelle heure...
2. Où êtes-vous allé?
3. Comment êtes-vous rentré?
4. Pourquoi êtes-vous resté chez vous?
5. Combien d'amis ont téléphoné?

REVISION B Chapitres 4 à 6

DICTEE

Mme Martin est médecin et elle travaille à Paris. L'année dernière elle est allée au Canada pour ses vacances. Elle est arrivée à Québec et elle est restée quinze jours. Elle a beaucoup aimé son voyage.

COMPREHENSION

1. Ils sont allés en Europe.
2. Ils sont arrivés à Paris.
3. Ils ont visité les musées.
4. Il a fait beau et chaud, mais il a fait mauvais aussi.
5. Ils sont restés à la plage.
6. Parce qu'ils ont été avec des millions de touristes.

Chapitre 7

I. INTERROGATIVE AND DEMONSTRATIVE ADJECTIVES
D.

1. S   2. CT   3. S   4. P   5. S   6. CT   7. CT   8. S

II. -IR VERBS

C. [Answers will vary.]

III. INTERROGATIVE PRONOUNS
A.

1. P   2. T   3. P   4. T   5. T   6. T

C. [Possible answers]

1. Il y a des livres sur la table.
2. La femme choisit leur dîner.
3. Il montre la rue avec son parapluie.
4. Il parle à l'enfant.
5. Elle a laissé sa radio sur la banquette.
6. Le Président a invité beaucoup de diplomates.

IV. POUVOIR AND VOULOIR
A.

1. P   2. S   3. S   4. P   5. S   6. S

DICTEE

1. Est-ce que je peux parler à Marie, s'il vous plaît?
2. Non, elle est sortie pour aller au bureau.

3. Où est-ce qu'il a laissé ses affaires?
4. Il a laissé ses clés dans la voiture et son portefeuille dans sa chambre.
5. Qui est-ce qui a réfléchi aux questions?
6. Les économistes, ils ont quitté la Maison-Blanche sans trouver de réponse.

COMPREHENSION

1. de: M. Paul Prévot
   pour: Mlle Jaquet
   a laissé le message suivant: [Answers will vary.]
2. de: son frère
   pour: M. Robert Bruno
   demande de le rappeler au N°: 01.43.52.15
3. de: Mme Amidou
   pour: M. Amidou
   a laissé le message suivant: [Answers will vary.]
4. de: M. Frédéric Dufour
   pour: Mme Agnès Dufour
   a laissé le message suivant: [Answers will vary.]

Chapitre 8

I. THE WEATHER (LA METEO)

A.

1. Il pleut.
2. Il fait chaud.
3. Il neige.
4. Il y a des nuages.
5. Il fait frais.
6. Il fait du soleil.

II. SUIVRE / SUIVRE DES COURS

C.

a. 2   b. 6   c. 7   d. 3   e. 8   f. 5   g. 4   h. 1

III. DIRECT OBJECT PRONOUNS: THIRD PERSON

A.

1. S   2. P   3. S   4. S   5. P   6. CT

IV. VOIR

C.

1. Let's see.
2. Come on!
3. Come on!
4. Let's see.
5. Let's see.
6. Come on!

DICTEE

Madame,

Je suis étudiante à l'université de Paris et je voudrais travailler dans votre bureau cet été. J'aime les touristes et j'aime parler avec eux. Cette année, je suis des cours d'anglais, et l'année dernière j'ai fait de l'espagnol. Je parle les deux langues très bien et j'aime les utiliser.

Je voudrais avoir des renseignements.

Jacqueline Calvert

COMPREHENSION

1. Il est étudiant.
2. Il étudie à l'université de Dakar.
3. Oui, il les aime parce qu'il les trouve fascinants.
4. Il aime faire des promenades avec ses amis.
5. Il les aime.

Chapitre 9

I. PRENOMINAL ADJECTIVES

C.

Le Waldorf Astoria	C'est un grand hôtel.
Winona Ryder	C'est une jeune actrice.
Adam	C'est le premier homme.
Une Cadillac	C'est une grosse voiture.
Monaco	C'est un petit pays.
Bob Dole	C'est un vieil homme.

II. LE CALENDRIER

B.

1. le vingt et un février dix-neuf cent dix-neuf
2. le premier mai dix-neuf cent soixante-dix-huit
3. le treize juin dix-neuf cent soixante-sept
4. le quatorze juillet dix-sept cent quatre-vingt-neuf
5. le trente et un août dix-neuf cent quatre-vingt-quinze
6. le onze novembre dix-neuf cent dix-huit

C.

1. F   2. V   3. F   4. F   5. F   6. V

III. INDIRECT OBJECT PRONOUNS: THIRD PERSON

C.

1. Il leur montre des lapins.
2. Il lui montre des lapins.
3. Elle lui achète des oranges.
4. Elle leur donne des oranges.
5. Il lui sert le petit déjeuner.
6. Il leur sert le petit déjeuner.

IV. PRENDRE

C. [Possible answers]

1. Prenez l'avion!
2. Prends un taxi!
3. Prenez le train!
4. Prends le métro!
5. Prends ta bicyclette!
6. Prenez un bateau!

DICTEE

Cher Papa,

Salut! Comment ça va?

J'ai préparé un grand repas hier soir, et j'ai invité trois bons amis à dîner chez moi. Je leur ai servi du pâté et du pain comme hors-d'œuvre. Ensuite, on a mangé du veau avec des asperges et des pommes de terre. Pour finir, j'ai fait un beau gâteau! Après, nous sommes sortis et nous avons pris le café dans un petit restaurant près d'ici.

Papa, j'ai dépensé beaucoup d'argent. Tu n'as pas cent francs à prêter à ta petite fille?

Affectueux baisers,
Marie

COMPREHENSION

1. Ils ont un garçon.
2. Ils prennent deux menus à 90 francs.
3. Elle commande une salade de tomates.
4. Il prend du jambon.
5. Ils veulent du vin rouge et de l'eau.

REVISION C Chapitres 7 à 9

ACTIVITES

A.

1. Jacqueline ne prend pas de notes.
2. Elles sont parties en avance.
3. Il dort en classe.
4. Nous apprenons l'italien.
5. Vous ne voulez pas écouter la musique.
6. Je réponds souvent en classe.

B.

1. au café
2. à l'hôtel
3. à la bibliothèque
4. au marché
5. au téléphone
6. au bureau de poste

DICTEE

Chère Christine,

Nous sommes partis de la maison dimanche matin, et il a beaucoup plu. J'ai demandé à mon père de faire un joli petit tour près de la plage, mais il n'a pas voulu. Nous sommes descendus une fois pour prendre un coca, mais nous avons attendu quinze minutes et nous n'avons pas vu le garçon. Nous sommes arrivés à la résidence le soir, et nous avons commencé les cours hier matin. Cette année va être difficile. Je fais du français, des mathématiques et de l'anglais.

Réponds-moi, s'il te plaît!

A bientôt!
Amy

COMPREHENSION

1. Ils sont à Genève.
2. Il cherche la Grande Rue.
3. Il veut voir la maison où Rousseau est né.
4. Il y a l'église de Jean Calvin.
5. Oui, elle est sympathique. Elle lui donne beaucoup de renseignements.

Chapitre 10

II. LE PASSE COMPOSE (REVIEW)

C.

1. les omelettes
2. le train
3. les deux sont possibles
4. les deux sont possibles
5. la leçon
6. les deux sont possibles
7. l'espagnol
8. les deux sont possibles

III. THE IMPERFECT

C.

1. Nous prenions le petit déjeuner.
2. Jacques faisait une promenade.
3. Je servais du café.
4. François dormait au parc.
5. Anne jouait dans le parc.
6. Marie vendait des livres.

IV. VENIR / VERBS CONJUGATED LIKE VENIR / VENIR DE + *INFINITIVE*

C.

1. Il vient de tomber.
2. Elle a obtenu quatre-vingt-dix-huit.
3. Il appartient à Jean.
4. Ils tiennent à acheter une voiture.
5. Elle veut devenir médecin.
6. Il est revenu à neuf heures trente / et demie / à vingt et une heures trente.

DICTEE

Vendredi soir, il faisait beau et j'ai décidé de sortir. J'ai téléphoné à une amie et je l'ai invitée à sortir. Quand je lui ai téléphoné, elle dînait, mais elle allait finir bientôt. Je suis monté dans ma chambre mais je n'ai pas pu trouver les clés de ma voiture. Mes parents ne sortaient pas et je leur ai emprunté leur voiture. Quand je suis arrivé chez mon amie, elle venait de partir!

COMPREHENSION

1. Elle a loué une voiture.
2. Elle voulait une petite voiture.
3. Il était nécessaire de payer la T.V.A.
4. Non, elle est partie.
5. Non, elle était très pauvre.

Chapitre 11

I. DIRECT AND INDIRECT OBJECT PRONOUNS (FIRST AND SECOND PERSONS)
C.

1. f   2. b   3. d   4. a   5. e   6. c

II. THE SUBJUNCTIVE OF REGULAR VERBS AND OF **AVOIR** AND **ETRE**
A.

1. subjunctive
2. indicative
3. indicative
4. subjunctive
5. indicative
6. subjunctive

DICTEE

Si vous voulez acheter une nouvelle voiture, il faut que vous soyez prudent. Il est probable que vous ne savez pas beaucoup de choses sur les voitures et il est important que vous consultiez vos amis. Il semble aussi qu'il soit toujours difficile de choisir et il vaut mieux que vous regardiez beaucoup de voitures différentes. Je ne pense pas qu'on réussisse à trouver la voiture parfaite tout de suite et il est bon que vous ayez de la patience!

COMPREHENSION

[Answers will vary.]

Chapitre 12

I. BOIRE / RECEVOIR / DEVOIR
C.   [Possible answers]

1. Je devrais leur téléphoner.
2. Je devrais leur donner une boisson.
3. Je devrais prendre un parapluie.
4. Je devrais aller à la papeterie.
5. Je devrais aller au bureau de poste.
6. Je devrais prendre le train.

II. IRREGULAR VERBS IN THE SUBJUNCTIVE
C.

1. Je pense que la voiture est nouvelle.
2. Je pense qu'il doit faire attention.
3. Je ne pense pas qu'il tienne de ses parents.
4. Je ne pense pas qu'il pleuve.
5. Je ne pense pas qu'elle aille à la plage.
6. Je ne pense pas qu'il veuille travailler.

III. NEGATIVES
C.

1. Personne!
2. Rien!
3. Rien!
4. Jamais!
5. Personne!
6. Jamais!

D.

un pauvre: 2
un végétarien: 1
un insomniaque: 4

un misanthrope: 6
un ermite: 3
un nudiste: 5

DICTEE

Eric ne va pas bien. Il ne passe plus beaucoup de temps à table. Il ne mange plus de viande. Il ne prend que des légumes et il ne boit que de l'eau. On l'invite, mais il ne veut jamais sortir. Il vaut mieux qu'il aille voir son médecin.

COMPREHENSION

[Answers will vary.]

REVISION D Chapitres 10 à 12

ACTIVITES

A. [Possible answers]

1. Non, elle est descendue.
2. Non, il est probable qu'il fait beau.
3. Non, je ne pense pas qu'il soit heureux. *or* Non, je pense qu'il est triste.
4. Non, il n'y a rien.
5. Il doit faire le ménage.
6. Ils ont reçu leur courrier.

B.

1. d   2. f   3. c   4. b   5. e   6. a

DICTEE

Eric et Christine voyageaient ensemble en France. Ils devaient être à Paris à neuf heures du soir mais le train a eu trois heures de retard. Quand ils sont sortis de la gare, ils ont eu peur que leur hôtel soit fermé et ils ont décidé de prendre un taxi. Quand ils sont arrivés, l'hôtel venait de fermer, mais l'employée les a reçus et leur a donné leurs chambres.

COMPREHENSION

1. Elle travaille chez Renault à Montréal.
2. Elle trouve son travail fascinant.
3. Elle a un appartement près du centre-ville.
4. Elle aime les sports d'hiver.
5. L'inflation et le problème de la pollution la préoccupent.

Chapitre 13

I. STEM-CHANGING VERBS

C. [Possible answers]

1. François et Marie achètent une maison.
2. Luc et moi, nous achetons une voiture.
3. Anne achète un magnétoscope.
4. Vous achetez du vin.
5. Mes parents achètent des disques (CD / cassettes).
6. Jacqueline achète un billet de train.

II. REFLEXIVE VERBS: PRESENT TENSE, **FUTUR PROCHE**, AND THE INFINITIVE

C.

1. Elle se lève à sept heures.
2. Tu ne te réveilles pas à l'heure.
3. Je me repose l'après-midi.
4. Nous nous promenons dans le parc.
5. Il ne s'habille pas très bien.
6. Ils s'amusent chez leurs voisins.

III. REFLEXIVE VERBS: **PASSE COMPOSE** AND IMPERATIVES

C. [Possible answers]

1. Déshabillez-vous!
2. Couchez-vous tôt!
3. Promenez-vous un peu!
4. Ne vous inquiétez pas trop!
5. Ne vous dépêchez pas au repas!
6. Réveillez-vous plus tard!

DICTEE

D'abord, il faut dormir huit heures par jour. Ne vous couchez pas trop tard et levez-vous de bonne heure. Il est nécessaire de prendre trois repas par jour, mais ne mangez pas trop! Les gens s'inquiètent beaucoup; au contraire, détendez-vous! Promenez-vous et faites de l'exercice tous les jours, même si vous préférez rester chez vous et regarder la télévision.

COMPREHENSION

1. les oreilles   2. les pieds   3. le nez   4. les yeux   5. les bras

Chapitre 14

I. -IRE VERBS

C.

1. Vous lisez *The Catcher in the Rye.*
2. On lit *Hamlet.*
3. Mes amis lisent *Huckleberry Finn.*
4. Mes camarades de cours et moi, nous lisons *Notre-Dame de Paris.*
5. Ma sœur lit *The Grapes of Wrath.*
6. Tu lis *Romeo and Juliet.*

III. POSSESSIVE PRONOUNS

C.

1. ton apéritif
2. mes chaussures
3. son vélo
4. de vos parents
5. ma valise
6. leurs cours

DICTEE

[NICOLE]: Dans mon cours de français, nous lisons plusieurs romans modernes.

[DANIEL]: Dans le mien aussi, mais ils sont très difficiles et on choisit ceux-ci. On les a traduits en anglais.

[NICOLE]: Nous venons de finir *L'Etranger*. Maintenant il faut qu'on écrive cinq pages, mais moi, j'ai déjà oublié le nom de l'auteur!

[DANIEL]: Celui-là, c'est facile, il s'appelle Albert Camus. Ses romans sont très connus, mais je préfère ses pièces.

COMPREHENSION

1. la planche à voile / natation
2. la voile
3. le basket-ball / le football américain
4. le ski
5. la pêche

B.

1. la natation
2. l'équitation et la gymnastique
3. la pétanque (15% vs. 5%)
4. [Possible answers] aviation, bateau à moteur, pétanque, pêche
5. [Answers will vary.]
6. [Answers will vary.]

Chapitre 15

I. VERBS FOLLOWED BY INFINITIVES

C.

1. Elle a envie de répondre.
2. Il a du mal à répondre.
3. Il refuse de répondre.
4. Elle évite de répondre.
5. Il commence à répondre.
6. Il hésite à répondre.

II. VERBS FOLLOWED BY NOUNS

B. [Answers will vary.]

III. THE PRONOUNS Y AND EN

C. [Possible answers]

1. des clés
2. des enfants
3. au Sénégal
4. bouteilles
5. de tes enfants
6. de son travail

DICTEE

Je m'appelle Brigitte Dupond, et je suis artiste. J'ai étudié la musique pendant très longtemps et j'ai appris à jouer du piano et du violon. Je préfère jouer de la musique classique, mais je m'intéresse aussi au jazz. Je suis peintre et j'ai déjà réussi à vendre plusieurs tableaux. Je tiens à faire de la sculpture, mais cela coûte beaucoup d'argent et j'en ai très peu.

COMPREHENSION

1. V   2. V   3. F   4. F   5. F

REVISION E   Chapitres 13 à 15

ACTIVITES

A.   [Possible answers]

1. Il fait beau / du soleil / du vent.
2. On joue de la trompette.
3. On joue au football.

4. Il lit un livre.
5 Non. On fait de la planche à voile.
6. Deux.

B.   [Answers will vary.]

DICTEE

Nous avons décidé de passer un dimanche à Bruxelles. Nous allons y arriver tôt le matin et nous allons essayer de nous reposer un peu. On n'a pas besoin de déjeuner et on peut se promener et acheter des chaussures l'après-midi. On peut en trouver beaucoup près de l'hôtel. Le soir, nos amis vont nous conduire à l'Opéra pour voir un ballet moderne. Après, nous les avons invités à dîner au restaurant, mais nous ne voulons pas nous coucher très tard car il faut que je me lève de bonne heure le lundi matin.

COMPREHENSION

1. V   2. V   3. F   4. F   5. V

Chapitre 16

I. RELATIVE PRONOUNS **QUI, QUE, OU**

C.   [Answers will vary.]

II. THE CONDITIONAL MOOD

C.   [Answers will vary.]

III. EXPRESSING TIME WITH **PENDANT, DEPUIS,** AND **IL Y A**

B.

1. continue
2. continue
3. terminée
4. terminée
5. terminée
6. continue

DICTEE

Nicole, c'est Jean! Voilà deux heures que je t'attends. J'espérais que tu serais dans le premier taxi qui est arrivé. Mais c'est une autre femme que j'ai vue. Voilà une heure qu'il pleut et je ne sais pas où aller. Je pense qu'il vaudrait mieux que j'aille me coucher. Salut!

COMPREHENSION

[Possible answers]

1. Elle attend que le téléphone sonne depuis cet été.
2. Elle espère qu'on va l'inviter à sortir.
3. Non, elle devrait sortir.
4. Elle pourrait faire un voyage organisé.
5. Elle pourrait placer une annonce dans un journal.

Chapitre 17

I. THE FUTURE TENSE

C.

1. conditionnel
2. conditionnel
3. futur
4. futur
5. futur
6. conditionnel
7. futur
8. futur

II. SI CLAUSES

C. [Answers will vary.]

III. METTRE / VERBS CONJUGATED LIKE METTRE

C. [Answers will vary.]

DICTEE

Vous aurez beaucoup de succès cette semaine et cela vous permettra d'aller loin. Si vous faites attention, vous réussirez dans l'avenir. N'hésitez pas à donner vos opinions, vos amis sauront vous comprendre. Même si votre patron n'aime pas vos idées, vous devriez les suivre. N'ayez pas peur et ne remettez rien à plus tard.

COMPREHENSION

[Answers will vary.]

Chapitre 18

I. ADVERBS

C.

1. poliment
2. méchamment
3. peu
4. mal
5. vite
6. lentement

II. THE FRENCH EQUIVALENTS OF *GOOD* AND *WELL, BAD* AND *BADLY*

D.

1. Michel Sardou
2. Renoir
3. Rodin
4. Sartre
5. Bertolucci
6. Mallarmé

III. THE COMPARATIVE AND SUPERLATIVE

C. [Answers will vary.]

DICTEE

Je m'appelle Saïd et je travaille à l'usine Renault près de Paris. J'habite un très grand immeuble qui n'est pas loin de l'usine. Ma vie est plus agréable ici que dans mon pays. J'ai un meilleur travail et il y a plus de choses à faire. J'aimerais gagner plus d'argent et avoir plus d'amis, mais mes enfants aiment beaucoup la France et maintenant ils parlent mieux le français que l'arabe.

COMPREHENSION

1. a   2. b   3. c   4. b   5. a

REVISION F   Chapitres 16 à 18

ACTIVITE

[Answers will vary.]

DICTEE

Je viens de terminer tous mes cours à l'université. J'y ai fait du français pendant quatre ans, mais avec les années de lycée, j'étudie cette langue depuis dix ans. Maintenant, j'ai décidé d'aller à Lausanne, en Suisse, où je vais me mettre à suivre des cours de littérature francophone. Si tout va bien, j'y resterai pendant deux ans. Le français est tellement utile que si je réussis bien, je trouverai facilement un travail super!

COMPREHENSION

1. F   2. V   3. V   4. F   5. V